学力が伸び、人間力も育つ！

勉強が好きになる！　楽しくなる！

最高の学習法

The best study method

学習塾「日本教育学院」創立者
教育システムデザイナー
武田利幸
Toshiyuki Takeda

まえがき

成績が優秀だから。運動ができるから。リーダーシップがあるから。お金持ちだから。出世したから。

人は、だれかのことをすばらしいと評価するとき、「○○だから」といろいろと条件をつけたがります。親は、条件をつけているつもりはないのでしょうが、それでも言葉の端々に、もっと成績が良かったらとか、いい子になったらとか、ついつい出てしまいます。

子どもはそれを敏感に感じ取って、親にすばらしいと思ってもらうためにいい子になろうとしたり、逆に反発して口答えをしたり口をきかなくなったりすることがあります。

本当に、何か条件を満たさないと人はすばらしくないのでしょうか。

私はそんなことはないと思っています。私がすばらしいと思うのは、人間として光り輝いている人です。特別何かができるわけではなくても、生き生きとしている人っていますよね。何かに夢中になっている人もすてきです。一所懸命に生きている姿は人の心を打ちます。そういう人を見ていると、私はすばらしい人だなとうれしくなるのです。

人は、だれもが光り輝く存在です。みんながすばらしいのです。この世に生まれてくるのは、そのすばらしさに気づいて、さらに磨きをかけるためです。

「何のために勉強をしなきゃいけないんだ」とふてくされている子どもがいますが、勉強というのは決していい学校へ入るためとか出世するためではありません。

すばらしい存在として生まれてきた自分をさらに磨くために勉強をするのです。勉強だけではありません。スポーツに打ち込むのも、アルバイトやボランティアをするのも、すべて自分をより輝かせるための大切な手段です。

私は、東京の練馬区で「日本教育学院」という学習塾を経営しています。一九七一年に始めましたから、二〇二〇年の東京オリンピック・パラリンピックが終わると、いよいよ設立五〇年という大きな節目を迎えます。

学習塾というと、とかく一流高校、一流大学への合格者がどれだけ出たかというのが強調されますが、それだけを目指していたら、こんなにも長く学習塾を続けることができなかったのではないでしょうか。

うちの塾では、自画自賛で申し訳ありませんが、難関といわれる高校や大学にたくさんの子が合格しています。かなり優秀な進学成績を挙げています。

しかし、私はそのことを最終目標にして学習塾を経営してきたのではありません。合格は目先の目標であって、そのさらに先には、子どもたちが人間として成長していくという最大の目標があります。


日本教育学院へ通う子どもたちは、授業を受けたり、先生と話をしたりするうちに、自分は何がやりたいのかを見出せるようになります。どうしたらやりたいことができるのか。やりたいことを実現できる道を模索します。

どこの大学のどういう学部へ行くと、やりたいことができるのだろうか。ここならどうだろう。あそこの方がいいかもしれない。でも、ここへ入るには学力が不足している。もっと勉強しよう。そう自分から決意し、勉強をし、その結果、成績もアップして、希望する高校、大学に合格していくのです。

自分が何をしたいのかをもとに進学先を決めると、志望校に合格した途端にやる気をなくしてしまう「燃え尽き症候群」にはなりません。そこからがスタートだと、彼らは知っているからです。

もし、志望校に合格できなくても、山に登るにはいくつも登山道があるといわれますが、大きな挫折感をもつことなく、別の道を見つけて、目標とする頂上に向かっていけるのです。高校や大学進学の先に目を向けていますので、いくらでも進む方向を修正することができます。

目標をもって日々を生きると、わずかな間に子どもたちはたくましく育ちます。

こういう力を「人間力」というのだと私は思っています。

私は、この本を通して、子どもさんにも親御さんにも、だれもがすばらしい光の玉だということを知ってほしいと思っています。そして、どうやればその輝きをさらに増すことができるか。そのことを、私の体験からお伝えしたいと思っています。

子どもだけでなく、大人もまだまだ自分を磨いて光り輝くチャンスはいくらでもあります。親が輝いていると子どももそれを見習って生き生きとしてきます。

受験を控える子どもさんはもちろん、お父さん、お母さん、さらにはおじいさん、おばあさんにも、私はこの本を読んでほしいと思っています。

そして、世代を超えて、人というのはいかにすばらしい存在なのか、生きること、学ぶことがどれほど尊いことなのか、語り合ってくだされぱと思います。

皆さま方が、ますます輝かれることを心より祈っています。

二〇一八年晩秋

武田利幸

第一章 **勉強ができても、できなくてもみんなすばらしい人間なんだ**

第二章

今の自分のすばらしさに磨きをかける

第三章 「すばらしい人間＋勉強もできる」はもっといい
——眠っているパワーを掘り起こそう

第四章　ウソみたいに勉強が好きになってしまう、この方法

第五章 〝勉強がつらい〟から〝勉強が楽しい〟に！

――「ほほえみ診断」と「パワー学習」で親と子が劇的に変わった

第六章　**もともとのすばらしさをくもらせない方法**

第一章

勉強ができても、できなくてもみんなすばらしい人間なんだ

受験のシステムが大きく変わる！その時、求められる学生像は

二〇二〇年というと、東京オリンピック・パラリンピックが開かれる年。この年から大学の入学試験が大きく変わります。一番の大きな変化は、一九九〇年から三〇年間、受験生の学力を測定してきた大学入試センター試験が廃止されることです。

国公立大学の一般入試では、センター試験が一次試験の役割を果たしてきました。この試験で失敗すると合格は厳しくなってしまいます。

私立大学でもセンター試験の結果を生かして合格者の選抜が行われるところもたくさんあります。受験生にとっては必ず通らなければならない重要な関所だったのです。

二〇二〇年一月が最後のセンター試験となります。二〇二一年一月から大学入試共通テストというのが始まります。センター試験から共通テストに名前が変わっただけのことではありませんので要注意です。試験の内容も大きく変わります。

学力というのは、これまでは「知識・技能」を中心に評価されてきましたが、共通テストでは、それに加えて「思考力・判断力・表現力」がとても重視されるようになります。センター試験で中心だったマークシート式の問題は少なくなり、共通テストでは記述式が多くなります。

知識があるだけではダメで、自分で考えて判断して表現するという総合的な力が必要とされてくるのです。

大学それぞれが行う試験では、ペーパーテストがなくなり、面接や論作文だけになる可能性があります。受験生は、次のように質問に的確に答える必要があります。

「なぜこの大学に入りたいのですか？」

「入って何をしたいのですか？」

「社会に出たら何をやるのですか？」

まるで入社試験のようです。これまでの入試では考えられなかったことです。大学側も、求める学生像を明確に示すよう、文科省から指導されています。

どういう学生を受け入れて、どんな教育をして、どういう人間として社会に送り出すのか、できるだけ具体的に報告しないといけません。

そのため、あやふやな動機しかない受験生よりも、はっきりと目的をもって受験する学生を重視する方向に進んでいくのです。

大学の評価も、勉強ができる学生がたくさんいるというより、将来のビジョンをしっかりともっている学生が多いことの方が高くなります。

少々学力は劣っていても、大学は、自分がこの大学へ入って何をやって、卒業したらどういう仕事につくかをはっきりと言える学生を求めているのです。

「将来、どうしたいか」の大ぼらを吹いてみる

将来に対するビジョンについては、受験前の数カ月の付け焼刃では、いくら耳触りのいい言葉を並べても、プロの目はごまかせません。思わぬ突っ込みがあればしどろもどろになってしまうのは目に見えています。

日ごろから、自分はこう生きたいと意識していないと説得力のある答えを出すことはできません。

そのためには、学校でも家庭でも学習塾でも、**子どもたちの意識を「将来、どうしたいか」ということに向けるよう仕向ける必要があります。**しかし、「よく考えろ！」と子どもたちに迫っても、子どもたちは白けてしまうばかりです。あまり堅苦しくなく、楽しく考えてみるということから始める必要があります。

子どもたちが夢を語ると、「お前には無理だ」とか「現実を考えろ」とか「もっとがんばらないと」とプレッシャーをかける親や先生がいます。

それでは、子どもたちは将来を語ろうとしません。あるいは、無難な話でお茶を濁そうとします。**本当は熱い思いがあるのに、それを語るチャンスを大人が奪ってしまっていることがよくあるのです。**

子どもたちの縮こまった感性を解放させてあげないといけません。**人間は潜在的に無限の可能性をもっています。特に、若い人はどんなふうに大化けするかわかりません。**それが若者の魅力です。できるかどうかはやってみないとわかりません。

とにかく、大風呂敷を広げて、そこに向かって動き出すことで、どんどんとチャンスがやってきたりするものです。

現実を考えるのはもっと先のことでいいわけで、まずは現実など無視をして、自分のやりたいことを披露することです。

私たちの塾では、ときどき**「大ぼら大会」**というのを開きます。これは、京都に本部を置く成基コミュニティグループ代表の佐々木喜一先生からお話を伺ったもので、私たちでも実践を始めたのです。

何でもいいので、自分は将来こんなことをやるんだと、大いにほらを吹いてもらいます。夢を語るとなると、実現できるかどうかが気になってしまいます。実現できないかもしれない夢は、なかなか言葉に出して言うことができません。

でも、ほらなら何を言ってもいい。子どもたちは目を輝かせて言いたいことを言います。ほらだからまったくの絵空事かというとそんなことはありません。まったく頭にないことは、ほらにもなりません。意識していることだからこそ語りたくなるのです。

ほらを突き詰めていくと、そこに自分の意志が隠れているのがわかります。自分の将来を考える上で、とても大切なヒントになるのです。

ほらはいいとか悪いということを考える必要はありません。無理でも悪いことでも何でもいいのでしゃべってしまうことが大事なのです。

大ぼらの中に、意志が隠されている

ある子は、「俺は総理大臣になって、ほかの国を攻撃して世界を征服する」とぶっそうなことを言い出しました。ほかの国を攻撃するなんてとんでもないと、普通なら批難されるような話です。しかし、ほらだからこれでいいのです。

いいことだとか悪いことだとか、できるかできないなど関係ありません。世界征服どころか、銀河系を自分のものにしてやると言ってもかまわないのです。大ぼら大会はそういうルールで、何を言っても責められることはありません。

しかし、何を言ってもいいという中に、じっくりと観察していくと、その子に意志が隠されています。世界を征服するというようなことを言う子だから戦いが好きなのだろうと思ってしまうのは観察力の不足です。

実はその逆で、その子が世界を征服したいと考えるのは、いろいろな価値観がぶつかり合って戦争が起こっている現状を憂えていて、それなら自分が地球を征服して平和な世の中を作りたいという思いがわかってきました。彼がやりたいのは戦争ではなく、地球をみんなが仲良く生きられる世界にしたいということだったのです。

そういう彼の意志に気づけば、その子は武力ではなく話し合いによって世界平和を実現するために、国際関係を学んだり、語学を習得する学部に進むようになる可能性があります。英語の勉強もこれまで以上に真剣にするのではないでしょうか。

受験の面接のときに、平和を実現したいという思いを真剣に語れば、面接官の心も動かせるのではないでしょうか。

ほらを吹くことで、ブレーキがはずれて、突拍子もないことを言いながらも、そこから自分の本心が見えてくることがあるのです。

あまり成績の芳しくない子が、「医者になって世界の難病患者を救う」と言ってもいいのです。「そんな成績じゃ無理だろ」とはだれも言いません。ほらだから現実は関係ありません。

ひょっとしたら、そんなほらを吹くことで、スイッチが入って、「よし、医学部へ行こう」と勉強を始めるかもしれません。医者ではなく、ボランティアとして世界の恵まれない人たちを助けるような活動に進んでいくかもしれません。

運動のできない子が「オリンピックで金メダルをとる」と言っていいのです。今は、オリンピックでも種目がどんどん増えているので、どこでどうなるかわかりません。

アジア大会ではカードゲームのブリッジが種目になっていました。何が起こるかわかりません。**ほらを吹くことで、自分の可能性の扉が次々と開けていくということもあるのです。**ほらをバカにしてはいけません。

現実にしばられず自由に発想することが必要

大ぼらを吹いていると、自分の偏差値はこれくらいだから将来はこんなものだなと、ちっちゃな枠の中で考えることをしなくなります。そういう癖を小学生、中学生のうちからつけておけば、受験のときに魅力あるビジョンを語れるようになるはずです。

そして、それは受験のときだけではなく、子どもたち自身の将来にも大きな影響を与えるのではないでしょうか。すばらしい人になる大切な一歩だと考えています。

世の中が急速に変わっているというのは、だれもが感じていることだと思います。一九九〇年代からインターネット、携帯電話が普及し始めました。年々発展していって今はスマホが当たり前。インターネットが広がることで、世の中の仕組みが大きく変わりました。

少し前までは、買い物はお店でするものでした。自分で商品を手に取って、店員さんの説明を聞いて、買うかどうかを決めたものです。それが今はインターネットショッピングです。

本も書店ではなかなか買われなくなってしまいました。目的の本を探すのが大変だし、在庫があるかどうかもわかりません。その点、ネットは便利です。タイトルを入れればすぐに検索できてクリックひとつで買うことができます。電子書籍もどんどんと広がっています。そういう社会になってきて、それがいいことかどうかは別にして、町の書店は次々と姿を消しています。

若い人は知らないでしょうが、昔は、路線バスにも車掌さんが乗っていたし、タイピストといってタイプを打つ仕事が女性の花形だったこともあります。そんなふうに、姿を消してしまう職業もあります。

これからＡＩが発展すれば、これまであった職業がなくなり、聞いたことのない職業が現れるということはいくらでもあるでしょう。

今、若者たちの人気の職業は「ユーチューバー」です。ユーチューブに独自の動画を公開して、その再生回数が多ければ広告収入が得られるというもので、それを専門の仕事にして、大変な収入を得ている人もいるようです。ちょっと前では考えられないような職業です。

これからは、新しい職業がいくらでも出てくるはずです。これまでの仕事の種類だけで考えていては、世の中の流れに取り残されてしまいます。

大ぼら大会で、「なんてバカなことを言ってるんだろう」とあきれられるようなことが、一〇年後の人気ナンバーワンの仕事になっていることもあり得ます。

とにかく、**現実に縛られずに自由にのびのびと発想すること。それがこういう時代には必要なのです。**大ぼらを吹くことで、思わぬアイデアをキャッチすることができるはずです。

「すばらしい人」とはどんな人か

すばらしい人になるには、どういう人がすばらしいかを知らないといけません。私はこれまでたくさんのすばらしい人と会ってきました。

昔は、子どもに期待する言葉として「末は博士か、大臣か」というのがありました。「博士」や「大臣」がすばらしい人間の象徴だと思われていたのです。

つまりは、社会的な地位があって、まわりから尊敬されて、お金ももっている人ということになるのでしょう。

今だったら、ＩＴ企業の社長とか、アイドルタレント、プロの野球選手、サッカー選手なども、多くの人が「すばらしい」と感じる人たちだろうと思います。

しかし、そんなふうに人より優れている人だけがすばらしいのでしょうか。それなら一握りの人しかすばらしくなれません。

特別な才能がない人や生まれつき病弱だったり体が不自由な人は、どんなにがんばってもすばらしい人間にはなれないということになってしまいます。

私が出会ったすばらしい人の中には、有名な人やお金持ちもいますが、そんな人ばかりではありませんでした。

九〇歳を過ぎて寝たきりの人、難病で体が動かせない人、幼稚園児や小学生、不登校の生徒など、ありとあらゆる境遇の中に、すばらしい人はいました。年齢も職業も財産も関係ありません。

私がすばらしいと感じた人たちには共通点がありました。それは、私を含めたまわりの人たちに生きる勇気や喜びを与えてくれることでした。

毎日、楽しいことばかりだという人はいません。悲しいこと、つらいことに心が打ちのめされることもあるでしょう。

そんなときでも、自分自身の生きる喜びを失わず、まわりの人に希望を与えるような生き方ができる人がいます。

私は、そういう人を見ると、「ああ、すばらしい人だな」と感動します。

元気なときはともかく、悲しいときつらいときに、人に希望を与えるのは簡単なことではありません。希望がほしいのは自分ですから。

しかし、希望を与えるというのは、だれかに何かをしてあげるということばかりではありません。障がいのある人が一所懸命に何かに取り組んでいる姿を見たらどうでしょう。あるいは、病気のお子さんを必死になって看病している親御さんを見たらどうでしょうか。

何度失敗しても挑戦をし続ける人はどうでしょう。まわりの人は感動するし、希望をもらうことができるはずです。

自分の置かれた状況を受け入れ、その中でがんばって生きている姿は、人に希望を与えます。とてもすばらしい人たちだと、私は思います。

明るく、元気で、思いやりがあって、がまん強い

世の中のすばらしい人たち、まわりの人たちに生きる勇気や喜びを与えてくれている人たちを観察すると、彼らの中に、４つの共通する要素が見つかります。

１　明るく
２　元気で
３　思いやりがあり
４　がまん強い

この４つです。

ただし、私は、「明るく、元気で、思いやりがあって、がまん強い」人間になりなさいと言っているわけではありません。そうならないとすばらしい人になれないよと脅しているわけでもありません。

私が言いたいのは、自分の中にある「明るさ」「元気さ」「思いやり」「がまん強さ」を探してみませんかということです。

私たちはどうしても自分のネガティブなところに気持ちが向きがちです。そして自己嫌悪に陥ってしまう。そうじゃなくて、**ポジティブなところを見てほしいのです。**

自分は暗い性格だと思っていても、どこかに明るいところはあるはずです。だれかに会ってニコッと笑いかけた。これって、明るいところじゃないですか。

そんなことくらいと思わずに、「オレって明るいじゃん」と思えばいいのです。電車に遅れそうになって走った。「元気じゃん」。道でゴミを拾ってゴミ箱に捨てた。「思いやりがあるじゃん」。満員電車に三〇分揺られた。「がまん強〜い！」。それでいいのです。

そういう癖をつけておくと、明るい部分、元気なところ、思いやりのある行動、がまん強い精神が少しずつ育ってきます。

だれにでも、「明るく、元気で、思いやりがあって、がまん強い」芽があります。それを育てようとしないだけのことで、自分の中のその部分に目を向ければ、次第に芽は成長してきます。

４つをまんべんなく探す必要はありません。人によって、明るさは見つけにくいけれども、思いやりは見つけやすいということもあると思います。思いやりのあるところをたくさん見つけていると、ほかのことも、それに引きずられるように育ってきます。うそだと思ったら試してみてください。

一カ月もすれば、自分がだんだんと変化してきているのがわかるはずです。あなたは、すばらしい人なのです。

がまん強いの本当の意味は？

がまんするとはどういうことか。

重度の障がいのある「のぶくん」という男の子のお話です。

彼は生まれるときの事故のために体が不自由になってしまいました。お父さんとお母さんは、この子のためならどんなこともがまんしようと心に決めました。

自分たちのやりたいこともがまんして、まわりからいろいろと言われてもがまんして、一所懸命に障がいのある子を育てました。

しかし、のぶくんは小学校五年生で亡くなってしまいました。もうお父さんもお母さんもがまんしなくてよくなりました。旅行に行きたいときは、何の気兼ねもなく二人で出かけることができます。

でも、まったくうれしくありません。空気の抜けた風船のようになってしまいました。生きる喜びが見つけられなくなってしまったのです。

一年くらいたって、やっと元気が出てきました。そんなとき、お父さんとお母さんは、**自分たちはいろいろなことをがまんしてあの子を育ててきたけど、一番がまんしたのはあの子だったのだと気づきました。**

体を自由に動かせず、言葉を発することもできず、何をするにも人の力を借りないとできない。もう毎日ががまんの連続だったことに気がつきました。すると、のぶくんの声が聞こえてきたような気がしました。

彼はこう言いました。

「がまんすることは力をためていることなんだよ」

お父さんもお母さんもはっとしました。がまんすることはやりたいこともやれずに耐えることだと思い込んでいました。

しかし大切な息子が亡くなり、がまんしなくて良くなったときの虚脱感を体験し、さらには息子の声を聞いて、「そうなのか。がまんによって力をためているんだ」と、のぶくんが不自由な体に耐えてがんばって生きてきた意味を知りました。

彼は力をためていたのです。だから、彼の懸命に生きようとする姿を見ていると、世話をしているこちらが元気や勇気をもらえたのです。

それ以来、お父さんもお母さんも、喜んでがまんをすることにしました。

世の中で何かを成し遂げた人は、ただがまんしていたわけではなく、「がまんすることは力をたくわえることだ」と知っていて、よろこんでがまんをしていたのではないでしょうか。

私は「忍耐」という言葉が大好きです。がまんは力をたくわえることだと知ったからです。よろこんでするがまんと、苦しんでするがまんは違います。

どうせなら、今は力をたくわえているのだとよろこんでがまんをした方がいいと、私は息子の、のぶくんから教えられたのです。

教えられた「だれもがすばらしい人」

私が息子の、のぶくんから教えられたのは、「**だれもがすばらしい人だ**」ということでした。彼は、自分の意志で体を動かせないし、話をすることもできません。

もし、成績がいいこと、いい学校へ行くことがすばらしい人の条件だったら、彼はすばらしいの「す」にも引っかかりません。

でも、私は親馬鹿を承知で言います。彼は最高に「すばらしい人」でした。

障がいのある人のお世話をした方ならわかると思います。大変なことはたくさんあります。しかし、不思議なのですが、何かむしゃくしゃしたことがあっても、彼らのお世話をしているうちに、気持ちが晴れていくことがあります。彼らは赤ん坊のように無邪気だし、私たちまわりの人を信じて、恐怖も不安ももたずにすべてを託してくれます。

障がいをもって生きるというのは、たくさんのがまんを強いられます。それを知っているから、まわりの人たちは、かわいそうだなとか、大変だろうなと同情します。

でも、私がのぶくんから感じたのは、彼らはなぜがまんするのかを知っているから、私たち健常者から見れば、とても耐えられないなと思うようなことでも、じっとがまんできるのです。

がまんすることは力をたくわえること。そのことを知らなければ、体が動かせない言葉も発することができないという状況には耐えられないでしょう。

彼らは何のための力をたくわえていたのか。それは、すばらしい人になるためにだと思います。私にとってのすばらしい人というのは、まわりの人を喜ばせたり、勇気を与えたり、感動させる人です。のぶくんは、傍から見れば、体も不自由でしゃべれない気の毒な子どもでした。でも、彼はやけくそにもならず、投げやりに生きることもせず、日々をがんばって生き、授かった命を大切にしていました。そのことは、そばにいれば伝わってきました。

そんな生き方を見ていると、まわりの人は元気をもらえます。何か失敗して落ち込んでいても、この子がこんなにがんばっているのだからと、失敗を乗り越える勇気をもらうことができました。**がまんすることによってしっかりと力をたくわえているからこそ、まわりの人もその影響を受けて、元気になるのではないでしょうか。**

私は、のぶくんのおかげで、喜んでがまんができる人間になることができました。がまんは力をたくわえること。これからも広げていきたいと思っています。

「自分はすばらしい人間なんだ」と言い切ろう

「明るく元気で思いやりがあり、がまん強い人間になろう！」

ここまで読んで、そう思った人もいるかもしれません。それはそれでいいことです。すばらしい人間になる一歩を踏み出せたと思います。

しかし、ちょっと待ってください。

「すばらしい人間になろう！」と思うことは、裏を返せば、「今はすばらしい人間ではない」ということになりませんか。今はすばらしい人間ではないから、がんばってすばらしい人間になろう！　と自分に言い聞かせていることです。

それを聞いた自分はどう思うでしょうか。「ああ、自分はすばらしくないいんだ」とがっかりしてしまいませんか。

先ほども言いましたが、だれもが「明るさ」も「元気さ」も「思いやり」も「がまん強さ」ももっています。体が不自由で言葉も話せなかったのぶくんは、不自由さにがまんして一所懸命に生きました。

動けないからすばらしくないのではなく、がまんして生きたからすばらしいのです。そこに目が向かないと、明るくない、元気もない、思いやりもない、がまん強くもないと、ネガティブに自分を見てしまいます。

ひとつでも明るさがあったらすばらしい人間です。元気も思いやりもがまん強さも少しあればいいのです。すばらしい人をそう定義すれば、だれもがすばらしい人間だということになります。

それが基本です。だから、「すばらしい人間になろう!」ということではなくて、**「自分はすばらしい人間なんだ」と言い切ってしまうことです。**自分をしっかりと観察すれば、それが嘘ではないことがわかるはずです。恥ずかしがらず堂々と言い切っていいことです。

私が会ったすばらしい人たちは、生まれたときから人を魅了していたわけではありません。彼らの多くが、何ができてもできなくても、お前はすばらしい人だと育てられてきたので、自分がもともとすばらしい人間であることを確信していました。

ほかの人のことも、自分と同じようにすばらしい人間であると認めてきました。まわりに感謝もしました。だからこそ、どんどんと魅力が増していったのです。

「自分はすばらしい人間だ」と心の中で、毎日つぶやいてみてください。あるいは、お子さんに「お前はすばらしい」と言い続けてみてください。

「明るさ」「元気さ」「思いやり」「がまん強さ」がどんどんと増えてくるはずです。

受験の準備は、自分がすばらしい人であると気づくことから

これからの大学入試は、学力3に対して人格が7を占めると私は思っています。人格というのは、「自分はすばらしい人間である」ということをどれくらい知っているかにかかっています。自分のすばらしさを知って、それをどう表現していくかです。

「なぜこの学校を選んだのですか？」と面接で質問されたとします。二〇二〇年からの入試では、この質問は必ずあると思った方がいいでしょう。

その受け答えの模範解答を紹介した参考書なども出てくるはずです。学習塾でもその対策は十分にします。しかし、上っ面だけがスマートな答えを用意しても、プロの面接官にはすぐに見破られてしまいます。面接官は受験生の本気度をしっかりと見ています。

人は、自分のすばらしさを知ると、自分の進みたい道がじわじわと見えてきます。最初は小さな光であっても、そこに集中することを続ければ、形がはっきりとしてきます。ど

こまで見えているかは人にもよるとは思いますが、受験の時点で見えている自分の将来のビジョンを面接で語れば、いくら受け答えがしどろもどろになったとしても、思いはきちんと相手に伝わるものです。

ですから、私の塾では、**受験の準備は、まずは自分がすばらしい人であることに気づくことから始まります。**

自分がすばらしいなんて思えないという子もたくさんいます。そういう子には、「まず形から入りなさい」と指導します。**難しく考えず、呪文とかおまじないのように、「私はすばらしい人だ」**と唱えればいいのです。

朝起きたときや夜寝るときには、声に出して言ってみるのもいいと思います。神社へ行けば、「○○大学に受かりますように」と手を合わせる人は多いでしょう。絵馬やお守りに思いを託す場合もあるでしょう。

そんなノリで**「私はすばらしい人間です」と自分に向かって言ってください。**さらには、紙にていねいに**「私はすばらしい人間です」と書いて机の前に貼っておいてください。**いつも目に入りますから、この言葉が頭に刻み込まれます。

とにかく、だまされたと思ってやってみてください。これだけのことですばらしい人間であることに気づけて、受験に合格できるなら、やってみても損はないでしょう。もし何もなかったとしても失うものはありません。

何度も言いますが、**どんな人も、そのままですばらしい人なのです。そのことにいつ気づくか。これが受験に成功するための一番の鍵です。**

どうぞ、試してみてください。はっと思うことがたくさん起こってくるはずです。

「ほほえみ診断」でわかる意識や行動パターン

中3の女の子が母親に連れられて訪ねてきました。無理やり連れて来られたのでしょう。ふてくされていました。ふだんも、親に反抗したり学校をずる休みしたりして、親を困らせていたようです。

私は長く学習塾を経営してきました。子どもたちの成績をアップさせるためのテクニックは十分に身につけています。ですから、こういう問題のある生徒でも、確実に本来の能力を発揮させることができる自信があります。

しかし、私は成績の向上だけでなく、人間性を高めることを最大の目標にしています。指導方法や勉強法のテクニックだけでは、この目標は達成できません。

子どもはさまざまな可能性をもっています。テストの結果だけで能力を判断しようという画一的な指導では、その子のもっている可能性が見えてきません。テストではいい成績がとれなくても、何とも面白い発想をするような子もいます。そのユニークな発想力を生かして、成績もアップさせることを、私は考えるようにしています。

そのためには、**親がもっと子どものことを知る必要があります**し、お子さんは自分のことに興味をもって、自分を知ろうとしないといけません。

そこで私は、**「ほほえみ診断」**という独自の方法を開発しました。詳しいことは後述しますが、親やお子さんの意識や行動パターンをチェックするテストです。

この女の子にも「ほほえみ診断」のテストをしてもらい、その結果をもとに、どうすればその子の人間力（生活力）が高まるかを、ていねいにお話ししました。だれもが自分のことはもっと知りたいし、少しでも成長したいと思っています。そのことをアドバイスしてくれる人の話は真剣に聞くものです。

彼女も、いつも言われている説教や小言ではないので、最初は面食らったみたいですが、だんだんとふてくされた態度は消えて、真剣に私の話を聞いてくれました。

心を開いて、聞く耳をもってくれたら、しめたものです。私は、**「だれもがすばらしい存在で、あなたもそうなんだよ」**ということを伝えました。

彼女の目が輝き始めました。そして、自分から「ここへ通ってみる」とやる気を見せてくれました。勉強は中1のレベルから始めました。やる気があるので、どんどんと進んでいきました。親やまわりへの態度も変わり、成績もアップしました。

一年後、彼女は、**「成績が上がったことよりも、勉強が楽しくなったことがうれしい」**とにこやかに話してくれました。

人は光り輝く玉として生まれてきたはず

ある遺伝子の学者が、人がこの世に生まれてくる確率を計算しました。すると、百万回連続して宝くじの一等が当たるのと同じだという結果が出たそうです。奇跡どころの話ではありません。あり得ないことです。

一人ひとりの存在は、そんなかけがえのないものです。尊いものです。一人として無駄に生まれてきた人はいません。役に立たない人などいないのです。病弱であろうが、障がいがあろうが、勉強ができなかろうが、そんなことは関係ありません。

私が「だれもがすばらしい人」だと言う意味がわかってくれると思います。だれもが光の玉のようにきらきらと光って生まれてきます。しかし、大きくなるにつれて、光の玉にほこりがつきます。いわゆる社会の常識に毒されていきます。

この世界で生きていく上では必要な常識もたくさんありますが、たとえば「学校へ行かないとろくな大人になれないよ」とか「こんな問題もできないの。生きていけないよ」なんて言われると、子どもは恐怖や不安を感じ、委縮してしまいます。

学校へ行かなくても立派になっている人はいるし、成績が悪くてもすてきな生き方をしている人はいます。多くの大人はその事実を見ようとせずに、子どもを脅します。

そういうことが重なると、せっかくの光の玉がくもってしまうのです。光の玉がくもると、本当に自分のやりたいことが見えなくなってしまいます。親が期待する自分、先生が求める自分を生きるようになります。

自分がやりたいことならどんな苦労だって乗り越えられます。しかし、人からあてがわれたことだと、疲れるしミスもするしやる気も出なくなってしまいます。そして、ますます光の玉はくもってしまいます。

勉強も進学も同じです。**自分で勉強をすると決めれば成績も上がります。**自分がこの学校へ行ってこういう勉強をしたいと決めれば、受験勉強をしようという意欲もわいてきます。

私たちの役割は、**子どもたちに自分の道を自分で決められるようにすることです。子ど**

もが自分で道を決められるようサポートできる親になってもらうことです。そうすれば、放っておいても勉強をするようになるし、自分のやりたいことに向かってどんどんと進んでいけます。もともともっていた光を取り戻すことができるのです。

大学の受験のシステムが変わることは、私にとっては望ましいことです。子どもたちが自分のすばらしさに気づいて輝きを取り戻す大きなチャンスだと思っています。

次章は、毎日の生活の中で、すばらしさを磨くにはどうしたらいいか、お話しします。

第二章

今の自分のすばらしさに磨きをかける

❶毎日のものの考え方、感じ方を少しずつ変えてみよう

私たちは光り輝く存在（＝すばらしい人）としてこの世に生まれてきたと言いました。多くの人が、世の中の荒波の中で生きるうち、せっかくのすばらしさをくもらせてしまっています。

そのために、人生がうまくいかなかったり、大きなストレスを抱えてしまったり、不平不満ばかりを言う人になったり、何よりも自分のすばらしさに気づかず、自分はつまらない人間だと思い込んで、さみしい一生を送ってしまうことになります。

そうならないためには、まずは「自分はすばらしい人だ」と知ることです。勉強も運動もできないのに何がすばらしいんだと思う人もいるかもしれませんが、間違いなくすばらしいのです。

自分のすばらしさがわからない人は、第一章を何度も読んでください。無駄な人、役に

立たない人は一人もいません。すばらしさがわかったら、そのすばらしさを磨くことです。くもってしまった光の玉を、もう一度、生まれたときのように光り輝かせるのです。

毎日の生き方、ものの考え方、感じ方を少しずつ変えていくことで、光を取り戻すことができます。

たとえば、愚痴や不平、不満、人の悪口ばかりを言って生きていたらどうでしょうか。まわりの人もあまりいい気持ちがしないと思います。自分自身も、愚痴や不満を言ったからといって、気持ちがすっきりするものではありません。何か心の中に重いものが残ってしまうのではないでしょうか。それが自分をくもらせてしまう原因になります。

親に対して、いろいろと不満に思うことはあるでしょう。だれにでもあると思います。でも、ご飯を作ってくれた。洗濯をしてくれた。学費を出してくれている。たまには、そんなことにも目を向けてみます。そうすると、うるさい親だけど、ありがたいところもあるなと思えてきます。思えてくる程度でいいのです。

いつも親に対して一〇の文句を言っているなら、これからは文句は九で、感謝を一にしようというくらいのことはできるはずです。それだけのことでも、一年たち二年たつと、大きな違いになってきます。すばらしい自分が少しずつ姿を現します。くもりがとれてくるのです。

難しいことは続きません。続かなければ、いくらいいことを言っても無駄になります。**とにかく、簡単なことを続ける。**それを念頭に置いて、これから私がお話しすることを、少しずつ実践していただけるとありがたいと思います。

❷志を心に刻むと、それを現実化させるために行動するようになる

「夢をもて」とよく言います。将来は漫画家になりたい、科学者になりたい、俳優になりたい、サッカー選手になりたい、医者になりたい……。子どもたちはいろいろな夢を語ってくれます。夢をもつことはとてもいいことです。

でも、ここではもう少し踏み込んでいきたいと思っています。

たとえば漫画家になりたいとします。「なぜ漫画家になりたいのですか?」と聞かれた

らどう答えるでしょう。「漫画が好きだから」というのもありでしょう。なぜ漫画が好きなんだろう？　読んでいて楽しいから。じゃあ、漫画家になりたいのは楽しみたいから？　自分の好きな漫画を描くのは楽しいでしょう。でも、自分が楽しむだけかな？　そうじゃないと思います。漫画を描くことで……。そう、**自分が楽しんだように、読者を楽しませたいという気持ちがある**からだと思います。

つまり、漫画家になりたいという夢の奥には、人を楽しませたい、愉快な気持ちにさせたいという思いがあるのです。

医者になりたいのは？　**病気で困っている人を助けたい**という気持ちがあるのではないでしょうか。

スポーツ選手が自分のプレーを応援してくれる人に勇気を与えたいとよく言いますが、スポーツ選手として活躍するのは、自分が目立ちたいとかたくさんのお金を稼ぎたいだけではなく、**人のために何か役に立ちたい**という思いがあるのです。

もし夢があるなら、そこまで踏み込んで考えてみるといいと、私は思っています。人の役に立ちたいという思いのことを**「志」**と言います。勉強も同じです。何のために勉強をするのですか？　成績が良くなるために。成績を良くしてどうするのですか？　いい大学へ入ります。いい大学へ入ってどうしますか？

そうやってどんどんと自分の気持ちを掘り下げていきます。そうすると、いい会社へ入って安定した生活を手に入れて家族を幸せにしたいとか、外国語を勉強して世界を回って日本の文化を伝えたいとか、もっと人々が楽しく過ごせる社会を作りたいとか、とても社会性のある答えが出てくるはずです。

「私は漫画家になりたい」という夢よりも、「私は漫画家になって多くの人を愉快な気持ちにさせたい」という志の方が、根っ子がしっかりと張っています。

夢は幻で終わってしまいがちですが、志を心に刻むと、それを現実化させるために、人は行動するものです。漫画家になれなくても、この人の志は「人を愉快な気持ちにさせる」ことですから、ほかにも人を愉快にさせる仕事はあるわけで、そういう仕事に就けば、**夢は叶わなくても志は実現する**のです。

❸志をしっかりもっていると次の展開が起こってくる

漫画家になろうとがんばって努力したけれど、なれなかったとします。単に夢だけを追ってきた人にとっては挫折です。こんなに一所懸命にやってきたのにどうしてダメだったのだろうと無力感を感じてしまいます。才能がないのだとがっかりします。

しかし、自分の志は人を愉快にさせることなのだと意識していれば、たとえ漫画家になれなくても、自分で小冊子を作ってまわりに配って「ああ、面白かった」と言ってもらえれば、それで本望です。漫画家になれなかったのは残念だったけど、それでも人は喜んでくれているじゃないかと喜べます。

その小冊子がきっかけで、それを読んだ人から漫画を描いてほしいというオファーがくるかもしれません。あきらめたはずの漫画家への道が開けてくる可能性だってあるのです。

あるいは、イラストを描くとか、チラシを作るとか、ゲームの制作をするとか、編集の仕事をするとか、漫画家になろうとがんばってきた経験を生かせるような仕事が舞い込むこともあります。**志をしっかりともっていると、すぐにはうまくいかなくても、次の展開が起こってくるのです。**

何をするにしても、その奥にある志を意識するといいのではないでしょうか。大学や学部を選ぶ場合、どうしてそこに行きたいのか、自分の心の中にある志にアプローチしてみてください。

社会の役に立つという難しいことまで考えられないなら、**親を喜ばせる**でもいいのです。スポーツで活躍したいのは**彼女にいいところを見せたいから**でもいいのです。

人は、どうしてやるのかという理由があって、さらにだれかのためにがんばるとなると、けっこうエネルギーが湧いてくるものです。

私が学習塾を続けていられるのは、ここへ通ってくれる**子どもたちの人間力を高めたい**からです。自分はすばらしい人だと知ってもらいたいからです。

さらに掘り下げれば、そういう子どもたちが大学へ行き、社会へ出れば、必ずいい仕事をしてくれます。**社会をよりよい方向にリードしてくれます。そういう人材を一人でも増**

やしたい。そして、みんなに幸せになってもらいたい。それが私の志です。

志をもっていると、つらいことや悩みがあっても、こんなことでへこたれていられるかと、ファイトが湧いてきます。苦難を乗り越えるためのグッドアイデアも出てきます。お金や名誉に走って横道にそれません。苦労があっても楽しい毎日です。

大いに夢をもち、さらにはその奥にある志を意識する。とても豊かな日々が送れるはずです。志はその人のすばらしさをより磨いてくれるものなのです。

❹イメージの中で自分を解放してあげる

現実の中だけで生きていては、せっかくもっているすばらしさもピカピカに光らせることはできません。テストでいい点を取ることは大切です。でも、テストの点数に一喜一憂するのではなく、**ときにはもっと大きな世界で自由にのびのびと生きてみてはどうでしょうか。**

大きな世界で生きるというのは、前にもお話しした大ぼらを吹いてみるようなことを言います。現実から離れて思いっ切り心を広げて生きてみるのです。自分は成績も良くないのでいい大学へは行けないし、将来も大したことないだろうと決めつけていると、そういう人生しか送れなくなってしまいます。

人の将来というのはどこでどう転ぶかわかりません。学校では落ちこぼれだった人が社会に出てから大化けして大成功したという例は決して珍しいことではありません。そういう人は、けっこう大ぼら吹きだったり、いつも大風呂敷を広げて、「またあいつあんな大きなことを言っているよ」と言われるようなタイプだったりします。

大ぼらを吹けない人は、頭の中でなりたい自分をイメージしてみるといいのではないかと思います。**現実生活に縛られている自分を、イメージの中だけでは自由にしてあげるのです。**

今の成績で行ける大学ではなく、とても無理かもしれないけれども**行きたいと思っている大学に合格して大喜びしている自分をイメージします。その大学に通っている自分をイメージします。**イメージだから自由です。だれかに「お前の成績で行けるはずがないだろ」と揶揄されることもありません。イメージしているだけで心がうきうきしてくるはずです。

そのイメージが実現するかどうかは別にして、私たちは現実生活の中で、こうしないといけない、こんなことはしてはいけない、この成績だからこの大学しか行けない、夢は簡単には実現しないという具合に、本当に窮屈な毎日を送っています。

その窮屈さに自分のすばらしさも埋もれてしまっています。できないことばかりに目が向いて、自分のすばらしさ、可能性を見失ってしまっています。

がんじがらめになった自分をイメージの中で解放してあげます。現実など考えなくていいのです。イメージの中では、空も自由に飛べるし、外国だって瞬時に行くことができます。宇宙旅行だってできてしまう。

寝る前の五分でも一〇分でも、そういう世界に浸ってみると、埋もれていたすばらしさが少しずつ顔を出してきて、現実生活を生きる元気や勇気、意欲が湧いてくるはずです。

❺集団の中でコミュニケーション力はどんどんアップする

自分のすばらしさは自分で見つけて自分で磨くのが一番ですが、意外と自分のすばらしさは自分では見えないものです。まわりからはなんてすばらしい人なんだろうと思われているのに、本人は謙遜ではなく、本気で自分にはすばらしいところなどないと思っていることもあります。

また、**人のすばらしさは、人とのかかわりの中で磨かれていくこともよくあります。**

私は、**集団とか団体行動はとても大切だと思っています**。今、塾のシステムは個別指導が多くなっています。マンツーマンで勉強すれば勉強の効率も上がるだろうと、多くの塾が個別指導に力を入れているし、親御さんも個別指導についつい期待をしてしまっています。

果たしてそうでしょうか？

これからの時代は、大学入試でも社会になっても、学力が高いというだけでは通用しなくなります。**求められるのは、社会性、つまりはコミュニケーションの力です。まわりの人の言いたいことやりたいことを上手にキャッチし、自分の気持ちも適格に伝えていく力**です。

コミュニケーションの力は一朝一夕につくものではありません。日々のトレーニングが必要です。そのトレーニングの場所が学校だったり放課後の遊びだったりしたのですが、学校でも行儀よくさせられてしまって、友だちと羽目を外して遊ぶことなどできません。

授業が終われば一目散に学習塾。学習塾でも少人数教育、個別指導がメインになっていて、人とかかわることが極端に少なくなってしまっています。家でも、自分の部屋で勉強をしたりゲームをしたり。これではコミュニケーションの力がつくはずがありません。

特に個別指導になると、先生は教える側、生徒は教わる側。役割分担がきちんとなっているので、話はいつも一方通行。会話のキャッチボールができません。

集団であれば、あるテーマに対して、グループになって話し合ってみようかという時間をとることができます。そこでは、**人の話を聞きながら自分の意見を言うというトレーニ**

ングになります。ときには、激論が始まることもあります。それも大切です。

いつまでも議論しているのではなく、どこかで落としどころを考えるとか、そこから得られるものは計り知れません。うまく自分の意見が言えない子は、どうやって伝えればいいか、考えます。そんな体験を積み重ねることによってコミュニケーション力はどんどんとアップしていきます。

❻集団指導で、何十倍もの力が発揮できる

グループダイナミクスという考え方があります。人は一人だけでは生きていけません。家庭があったり、学校や部活、職場に所属しています。地域のコミュニティもそうです。引きこもっている人もいるかもしれませんが、まったく外の世界とのつながりを断っているかというと、親が食事を運んでくれたり、だれかとメールのやり取りやチャットをしているはずです。完全に外と切り離された人はいません。

集団とつながっていれば、必ず集団の影響を受けます。朱に染まれば赤くなると言いますが、集団の雰囲気によって人は変化していきます。

逆に、**個人の存在が集団にも影響を与えています。**クラスにすごい美女が転校してくればクラスの雰囲気が変わってしまいます。だれかが先生に叱られていたらクラス全体の雰囲気が悪くなってしまいます。だれかとだれかが仲違いしている。そんなのは個人の問題ですが、それでもクラス全体に暗い影を落としたりします。

自分なんかいてもいなくても同じだと思っている人もいるでしょうが、そんなことはありません。目立たない子が学校へ来なくなったら、慣れるまでは何となく変な感じがするはずです。

そういう集団が個人に影響を与えたり、個人が集団に影響を及ぼすことをグループダイナミクスと言います。**このグループダイナミクスを上手に使うのが、グループ学習の醍醐味です。**

みんなで協力しながら何かを作り上げていくのは楽しいことです。たとえば、文化祭のときに、クラスで演劇をしようということになれば、脚本を書く人、演出を担当する人、主役の人、脇役の人、舞台を作る人、照明や音楽の担当者、衣装を用意する人、力仕事をする人、ＰＲをする人、司会者……いろいろな役割を果たす人がいて成り立ちます。

先生があれこれ言わなくても、自分たちで仕事を分担します。稽古のときには泣いたり笑ったり口論したりいろいろなことがあります。

そんな中で、子どもたちはさまざまなことを学びます。当日、どきどきしながら上演が始まります。セリフを間違ったり忘れたり。いろいろなハプニングがあるでしょう。そして、終わります。大きな拍手が起こります。緞帳がしまります。

そのときの感動はどうでしょうか。主役の人も緞帳を上げたり下げたりするような役割の人も、みんなが「やった〜！」とものすごい喜び、達成感に浸ります。泣き出す人もいるでしょう。**集団という力がもたらせる効果です。いつもの自分の何十倍もの力を発揮できます。それを受験勉強にも応用できるはずです。これは集団指導でしかできないのです。**

❼いじめをなくすイベント参加で社会性を身につける

私は「ピンクシャツデー」という運動に加わっています。

この運動は、二〇〇七年にカナダにあるハイスクールで始まりました。あるとき一人の学生がピンクのポロシャツを着て登校したところ、同級生から「お前はホモセクシュアルだ」といじめられ、暴行を受けました。そのことを知った二人の上級生が、「いじめなんかうんざりだ！」と行動を起こしました。

彼らはディスカウントストアへ行き、ピンクのポロシャツ、タンクトップを七五枚買いました。そして、クラスメートに「明日、一緒に学校でピンクシャツを着よう」と呼びかけました。すると、翌日、数百人の生徒が、ピンクのシャツを着たり、リストバンドやリボンなどピンクの小物を身に付けて登校しました。学校中がピンクに染まったのです。

それがきっかけで、その学校ではいじめが起こらなくなりました。この行動がマスメディアに取り上げられ、またたく間にカナダ中に広がり、アメリカ、ヨーロッパ、さらには日本にも伝わりました。カナダでは、毎年二月の最終水曜日をピンクシャツデーとして、**学校・企業・個人を含めた賛同者がピンクシャツを着て「いじめ反対」のメッセージを送るようになりました。**

日本でも二〇一二年から始まっています。カナダと同じ、二月の最終水曜日、全国各地でピンクのシャツを着た人たちが集まり、ダンスをしたり、シンポジウムで語り合って「いじめをなくそう!」と訴えています。

私は、塾の子どもたちを連れてピンクシャツデーのイベントに出かけて行きます。勉強の時間を割いて行くわけですから、受験勉強にとってはマイナスのように思われがちですが、そんなことはありません。こういうイベントに参加することで、子どもたちはさまざまなことを学びます。社会性を身に付けます。

いじめがどうして起こるのか。人と人とはどう付き合うべきか。さらには、そこに参加している人たちと交流することで大きな刺激を受けます。ぼんやりとしていた志がはっきりと形になる子もいます。みんながピンクのシャツを着て、同じいじめをなくそうという方向を向いているからこそ感じたり、学んだりすることがあります。

私は、**子どもたちに人と人とは対等の関係でないといけないことを学んでほしいと思います**。対等であればいじめは起こりません。親と子でも、教師と生徒でも、本来、そこには上下関係はないはずです。あくまでも対等に意見を言い合えないといけません。

そういう関係の中から、子どもはたくさんのことを学び、大人も子どもから教えられることがたくさんあることに気づきます。お互いが磨かれていくのです。

❽「一五分」だけ、がまんしてやってみる

がまんすることは力をためていること。そんなお話をしました。

がまんというと、やりたくないことをやったり、やりたいことをやらないでいたりと、つらくて苦しいことのように思ってしまいます。確かに、積極的にがまんしようという気持ちにはならないかもしれません。しかし、どんな分野であっても、成功の陰にがまんが

あることが多々あります。

食わず嫌いというのがあります。見た目とか印象で嫌いだと決めつけて口にしなかったのに、何かのきっかけで、目をつむって（がまんして）食べたらものすごくおいしくて、それ以来、好物になってしまったということもあります。**がまんして食べたからこそ、おいしいことがわかったのです。勉強でも仕事でも同じです。**

私は、無理ながまんはしなくていいけど、できるなら一五分だけがまんしてみませんかとお話ししています。**「ああ、こんなこと面倒くさいなあ」と思っても、一五分だけがまんしてやってみるのです。**勉強をやめてゲームをしたいなと思っても、一五分だけがまんして勉強を続けます。

たとえば、暗い映画館にいきなり入ったら、何も見えなくて座席や階段につまづきそうになります。しかし、だんだんと目は慣れてきます。まわりの様子が見えるようになります。それと同じで、どんなこともやってみると慣れてくるのです。知らない人ばかりの中に入ったとき、最初はドキドキして何も話せませんが、しばらくすると、自己紹介が始まったりして、次第に打ち解けていきます。

初対面の人の中に入ることは嫌でも、新しい友だちができて、いろいろな話に興じることは嫌ではないはずです。でも、楽しい話をする前段階として、初対面の人に自己紹介をしたり、話しかけたりするという嫌なことが必要なのです。

今、親しくしている友だちも、最初は初対面です。そのときに、話しかけるというハードルを越えたからこそ、今の親しい関係になっているわけです。大好きな男の子、女の子がいたとして、仲良くなりたいと思ったら、何らかのアプローチをしないといけません。それが一五分のがまんなのです。

食事に嫌いな食べ物が出されても、がまんしてひと口食べてみることです。ピーマンが嫌いでも、料理の仕方によってはおいしく食べられることがあります。英語が嫌いでも、先生によってはすごく面白く教えてくれる人がいるはずです。英語が嫌いなのではなく、これまで受けてきた授業が面白くなかったのです。

そういう体験を通して、人は視野がどんどんと広がって、心が広く豊かになっていくのです。

❾「五分」のお手伝いの効果

一五分のがまんともうひとつ、私がすすめていることがあります。それが**五分のお手伝いです**。どんなことでもいいので五分間だけ、何か家族のためにやってみます。するとどうなるのか。

ちょっと脳波のお話をします。脳波にはアルファ波とかベータ波とかシータ波といった種類があります。脳の状態によって違う周波数の脳波が出るのです。普段の生活の中では、ベータ波が多く出ています。雑念の多い脳波です。

座禅とか瞑想をするとアルファ波が出ます。そういうときは雑念が減って集中力が高まります。潜在能力を発揮させ、「記憶力」「理解力」「創造力」を発揮させます。アルファ波がたくさん出ている状態で勉強をしたり仕事をすると、当然のことなら能率がアップします。**アルファ波はリラックスしたときに出る脳波です。**温泉でくつろいでいるとき、いい気持ちで眠りにつくときなどです。

さらに注目したいのが、**人に喜ばれたり、感謝されるようなことをするとアルファ波がたくさん出る**ということです。つまり、たった五分であってもお手伝いをすることで家族に喜ばれれば、脳はリラックスしてアルファ波が出た状態になるのです。勉強や仕事の前にお手伝いをすれば、いつも以上に覚えられたり理解できたり、何かを判断する上でも、とてもいい結果が出るはずです。

大発見というのはリラックスしたときに生まれます。一所懸命に何かを研究していてもなかなか答えが出せずに行き詰ってしまって、ちょっと休もうとコーヒーを飲んでいると、ぱっとすごく大事なことがひらめいて、それが大発見につながることがあります。

ニュートンが万有引力の法則を発見したのも、すがすがしい朝の散歩のときに、リンゴが落ちるのを見てのことです。とても脳がリラックスしているときにリンゴが落ちたから「わかった！」となったのです。アルキメデスもお風呂に入っているときにアルキメデスの法則を発見しました。アルファ波が出ているからこその大発見だと言えるでしょう。

勉強や仕事の前に五分間のお手伝いをすると**「思いやりのある行動→脳が気持ちよくな**

る→アルファ波が出る→集中できて落ち着く→記憶力・理解力・創造力が高まる→勉強や仕事の能率が上がる」となるのです。

五分のお手伝いが習慣になると、脳は人の役に立つことの喜びを覚えます。そうすると、日ごろから、困った人を見れば手助けしたくなります。アルファ波が出やすい脳になって、ますます集中力も出てきて、どんどんとすばらしい人になるのです。

⑩「ほめられる」「感謝される」で脳が快の状態になる

いい成績を取りたいとか、スポーツで活躍したいとか、だれにもそんなことを願う気持ちがあると思います。大人なら、営業の成績を上げたいとか、いい企画を出したいとか思っているのではないでしょうか。初詣に行けば、手をパンパンと叩いて、成績が上がりますように、〇〇大学に合格しますように、今度の大会で活躍できますようにとお願いをする人は多いはずです。

どうしてそんなことを望むのでしょうか。もちろん、自分をもっと成長させたいという気持ちもあるでしょうが、もうひとつ、**人には人に認められたいという欲求があって、簡単に言えば、成績を上げたりスポーツで活躍して、親や先生や友だちにほめられたいのです。**

ほめられたり、感謝されると、脳が快の状態になります。アルファ波がどんどん出ます。集中力が高まり、理解力、創造力もアップします。だから、ほめられたり感謝されることをするというのは、自分を磨く上でもとても大切です。

しかし、ほめられよう、感謝されようと、いつも意図的に考えて行動していると、だんだんと疲れてきます。自分のペースで動いているのは疲れませんが、人に合わせて生きようとするとクタクタになってしまいます。その上、ほめられるためにやったのにだれもほめてくれないとなると、がっかりしてしまいます。

ほめられたい、感謝されたいというのは、人間の奥底にある欲求です。しかし、それを求め過ぎると、アルファ波が出るどころか、逆にストレスがたまってしまいます。あまり人の評価は気にしないことです。

ちょうどいいのが、先に述べた一五分くらいのがまん、五分くらいのお手伝いです。一日に五分くらいのお手伝いなら、親からまったく感謝されなくてもそれほど気になりません。こんなことして損したなあとは思わないでしょう。だれも評価してくれない自己満足であってもアルファ波は出ます。それだけで儲けものだと思っていればいいのです。もしほめられたらボーナスだと思って大いに喜んでください。

ほめられたり感謝されるとアルファ波が出ると知っておく。だからと言って、ほめられること感謝されることを求め過ぎないようにする。負担にならない程度のお手伝いやがまんをする。そして、それでほめられたら儲けものと考える。それが自分が磨かれていくコツです。

もうひとつ、忘れてはいけないのは、**ほめられたり感謝されたら素直に喜ぶことです。**どうせ何か裏があるのだろうと考えず、バンザイ！　と大喜びしましょう。

⓫絶対、絶対にあきらめるな！

「十二番目の天使」（オグ・マンディーノ著　求龍堂）という本があります。私はこの本が大好きで何度も読んでいます。

「落ちこんでいる人たちのすべてが、この本の『ネバー・ギブアップ精神』に触れたならば、この世界は幸せな人間でみちあふれることになるだろう」と言われる本です。

小さな田舎町に一人の英雄が帰ってきました。地元のハイスクールの優等生で、大学野球の全米代表。そして、二〇年後の今は、一流の経営者となったハーディングでした。ある企業の再建を依頼された彼は、自分の故郷から再建のスタートを切ることにしました。ところが、その矢先に奥さんと息子を交通事故で亡くすという不幸に見舞われます。絶望して自殺をしようとまでしました。

生きる気力をなくしたハーディングが希望を見出したのは、少年時代にいたリトルリーグのエンジェルスというチームでした。彼はそこの監督を引き受けることになりました。

そこでティモシーという一一歳の少年に出会いました。彼は不器用で野球もへたくそです。ティモシーは脳腫瘍におかされていました。あとわずかしか生きられないと言われています。しかし、ティモシーはそのことをだれに言わず、普通の子としてほかの子どもたちと一緒にプレーしようとがんばります。

「毎日、毎日、あらゆる面で、ぼくはどんどん良くなっている！」

「絶対、絶対、絶対、絶対、絶対、絶対、あきらめるな！」

彼は、毎日何度でも言い続け、その言葉通りに、どんなにミスをしても、チームメイトからバカにされても、あきらめませんでした。すると、だんだんと打てるようになり、守れるようになりました。

その姿を見て、チームメイトも彼を応援し、チーム全体の気持ちがひとつにまとまっていきました。地区大会にのぞんだエンジェルスはついに決勝まで進みます。そして、感動のエンディングが待っていました。

絶望のどん底にいたハーディングは、何があっても諦めないティモシーの姿に、もう一度やり直そうと勇気と希望をもらいました。絶対にあきらめないことの尊さを知りました。

大人であろうと子どもであろうと、つらいことや苦しいことはいくらでもあります。成績が上がらずもうダメだと思うこともあるでしょう。野球がうまくならないティモシーのようなものです。しかし、**あきらめてしまったらそこでストップです。ネバー・ギブアップ！　です。**

⓬潜在意識を活用する

ティモシーに、「毎日、毎日、あらゆる面で、ぼくはどんどん良くなっている！」「絶対、絶対、絶対、絶対、絶対、絶対、あきらめるな！」と毎日何度でも言うようにアドバイスしたのは、ティモシーの主治医でした。この先生は、人間の思いの大切さをよく知っていたのだと思います。

だれにでも意識があります。**意識には、顕在意識と潜在意識（無意識）**があります。

顕在意識はお腹がすいたとか、今日はどこへ行こうかといった、表面的な意識のことです。

顕在意識の奥には潜在意識と言って、私たちが意識していない意識があります。たとえば、理由もなくやたらと恐怖を感じるものがだれにでもあると思います。別に高いところから落ちたこともないのに異常に高いところが怖かったり、ある決まった言葉に対して怒りが湧き上がってきたりするのは、潜在意識の中にインプットされた何かが反応すると考えられます。

私たちの置かれた状況や行動は、潜在意識の影響を受けていることが大だと言われています。潜在意識に自分はダメな人間だと植え付けてしまうと、その影響でダメな自分に向かって進んでいくことになってしまいます。ですから、潜在意識には自分にとって好ましいことをインプットすることが大切です。

ティモシーは脳腫瘍で余命があとわずかでした。そんなときに「自分はもうおしまいだ」と思い込んでしまうと、どんどんと衰弱していきます。野球どころではなくなってしまいます。しかし、「毎日、毎日、あらゆる面で、ぼくはどんどんと良くなっている！」

と潜在意識に言い聞かせることで、病気の進行を抑えることができました。そして、あらゆる面ですから、病気だけでなく野球のプレーも良くなっていきました。

私は、これは勉強にも仕事にも応用できると思っています。成績が頭打ちになってしまうと、「これ以上は良くならないのでは」と不安になりますが、そう考えるのではなく、ティモシーのように、**「毎日、毎日、どんどんと成績が良くなっている」と言い続けるのです。そうすれば、潜在意識がその気になってくれて、言葉通りにやる気を出させてくれて、成績が上がる方向に導いてくれると考えられます。**

第一章で「すばらしい人になれますように」という「願望」ではダメで、「すばらしい人なんだ」と言い切るようにとお話ししましたが、ここでも同じで、「成績が上がりますように」ではなくて、「成績が良くなっている」と言い切ってください。それが潜在意識を動かせるための大切なコツです。

⑬「希望の日記」で明日に向けてワクワクした心を書こう

私の塾では先生たちに業務日報を書いてもらっています。だいたい、業務日報というと、仕事が終わったあとに書くものです。うちでは逆で、塾ですから先生たちは三時ごろに出勤して、**最初にする仕事が業務日報を書くことです。**

仕事が始まる前に書くわけですから、内容は、今日の授業はどんなふうにしようかとか、ちょっと気になる○○君を重点的にチェックしようとか、**その日にやろうと思うこと、目標を書くことになります。そうすると、「これをやるぞ」「よし、やるぞ」と、職場全体、教室全体が前向きになります。それが生徒たちにも伝染して、とても希望があふれる雰囲気になるのです。**

仕事が終わって書く業務日報は、だいたいが反省文になってしまいます。「こうするつもりだったけどうまくいかなかった」「これをやり忘れた」といった具合に後ろ向きになってしまいます。反省することは大切なことですが、いつも反省ばかりしていると、雰囲気が薄暗くなってしまいます。自分のことを反省ばかりしている先生は、生徒にまで反省を強いますので、生徒たちの活気が削がれてしまいます。これでは成果があがるはずがありません。

毎日日記を書いている人もいるかと思います。一日が終わって寝る前に日記帳を出して、今日一日を思い出して、こんなことがあった、あんなことがあったと書くと思います。ちょっと読み直してみてください。だいたい、こんなことではダメだとか、もうちょっとがんばろうとか、反省ばかりが書かれている人はけっこういるのではないでしょうか。

ここがダメ、あそこがダメという見方で自分を見ていると、気持ちがどんどんと沈んでいきます。暗い気持ちでベッドに入らないといけません。そんな状態で眠れば、潜在意識には自分のダメなところばかりがインプットされて、夢の中でもうなされたりします。

もし日記を書くなら、「明日はこんなことをしよう」という希望ある内容を書いてみてはどうでしょうか。「明日は○○さんに会う。こんな話も聞きたい、あんな話も聞きたい。楽しみで仕方ない」という一日の締めをすれば、きっとその夜の夢見もいいし、すがすがしい気分で朝を迎えることができるでしょう。

「**希望の日記**」とでも名付けて、明日に向けて自分のワクワクした心をしたためます。これを毎日続ければ、目の前の曇りがどんどん晴れてくるはずです。

⑭選択肢はたくさんあることを知ろう

親や先生から、「遊ぶより勉強」「テレビやゲームより勉強」と、常に勉強が何よりも上位にあるという育てられ方、教育をされてきた人は多いだろうと思います。

生活の延長上には必ず「勉強」があるというのはけっこうきついものがあります。勉強への無言の圧力をかけ続けられているわけですから。息抜きができません。そのため、「勉強なんか大嫌いだ」という子が増えてきてしまったのではないでしょうか。

勉強していい学校へ入っていい会社へ入る。それこそが最高の幸せなんだと、多くの人が思わされてきました。本当にそうなのでしょうか？

まわりを見てください。超一流大学を出て超一流の企業へ就職した人はみんな幸せでしょうか。そんなことはありません。幸せな人もいれば幸せではない人もいます。大学へ行かず小さな会社へ就職した人は不幸せでしょうか。やっぱり幸せな人もいれば不幸せな人もいます。**決して、いい大学へ入って大きな会社へ就職することが幸せへのパスポートではありません。**

自分の将来を決める上で、たくさんの選択肢があるということを知ることがとても大切だと、私は思っています。私たちの前には無数の道があります。そこからどの道を選ぶか、自分で考えて決めることができるのです。

学歴があるならあるなりに、ないならないなりに、たくさんの選択肢を私たちはもっているのです。

じゃあ、勉強をしなくていいのかと言われそうですが、そんなことはなくて、**勉強をすることで、自分の行く道がはっきりしてくることがあります。**勉強をしているうちに英語が大好きになれば、海外の大学へ留学しようという道が開けてきて、その先に、英語を使った仕事をするという方向が見えてきたりします。

勉強ばかりするのではなく、スポーツをしたり絵を描いたり楽器を弾いたり歌を歌ったりすることにも、どんどんとチャレンジしてください。**自分の好きなこと、得意なことを見つければ、自分の進むべき道の選択がしやすくなります。**

遊ぶことも大切です。ゲームは悪者にされていますが、こんなにもゲームが流行るというのは理由があってのことでしょう。これからもますますゲーム熱は高まっていくでしょう。**ゲームの企画をしたりソフトを作るというのも、ひとつの大きな才能です。**これも選択肢のひとつになってきます。

これからの時代は、ますます選択肢が多くなってきます。そのことを踏まえて、**頭を柔らかくして将来を考えることが大切です。**

⑮「まずは朝、一人で起きる」から始めて自立性と自律性を育てる

現代の子ども、若者は、大事にされすぎてひ弱に育っています。王子様、お姫様のよう

に育てられていますので、世間でも困ったらだれかが面倒を見てくれると思ってしまっている人が多いのではないでしょうか。

このような現代人に共通して見られる欠点は、「自立性」と「自律性」に欠けていることです。自立性、自律性がないと、協調性もあまりありませんから、社会生活も円滑にいかなくなります。

自立というのは、自分の足で立っていられること。つまり、**主体的に自分の意志で行動を決定する姿勢**です。

また、**自律は自分の感情や気分をコントロールできる力のことです。**自分を律する強い意志です。自立も自律も、社会に出て行く人間としてのもっとも根本的な資質です。ところが、これが欠けているのですから、社会に対して不適応を起こしてしまう人が増えてきてしまっています。

私たちの目の前には無数の道があって、どの道を選ぶかは自分の意志に任されているというお話をしました。しかし、自分の意志で行動を決定する自立性と、自分を律する意志である自律性がないと、なかなかうまく道を選択することができません。

小さいときから何でも親に決めてもらったり、親のいいなりになって生きてきたとしたら、自分の将来を決めるというような大きな選択を自分ですることはとてもできないでしょう。**親は親の価値観で決めますから、子どもがやりたい道を必ずしも見つけてくれるわけではありません。**大抵の場合、違った道を選んでしまって、子どもにつらい思いをさせてしまいます。

また**過保護に育つと、がまんができない人間になってしまいがち**です。いくら自分のやりたい道を選択したとしても、好きな道だからすいすいと歩いていけると思ったら大間違いです。どんな道にも、坂道もあれば崖を登らないといけない場面もあるものです。そんなとき、坂道だから歩けないとか、崖は嫌だと言っていたら、せっかく好きな道を選んだのに、途中でギブアップしてしまうことになります。

そうならないためにも、常に自立性、自律性のことを覚えておいてください。嫌なこと、つらいこと、やりたくないことに直面したら、いろいろな人に相談するのはいいでしょうが、最後は自分で決めるという気持ちをもってください。

私は子どもたちに、**「まずは朝、一人で起きなさい」**と言っています。**そんなことから**

始めて、自立性、自律性を育てることで、私たちは自分自身を輝かせることができます。

⑯最後までやりとげ、達成した喜びを体験する

テストというのは、だいたいが「正しい」か「誤っている」で判定されます。

そのため、私たちは、テストばかりではなく日常生活でも、間違うことを極端に恐れてしまっています。銀行だと一円でも誤差があるとその原因を究明できるまで帰ることができないそうです。

しかし、一般的な生活ではそんなことはありません。どんぶり勘定でやっていけるものです。少々の間違いは「まあ、いいか」ですませてしまうことができます。

私は、**正しいか間違っているではなくて、最後までやり遂げることを大切にしたいと考えています。**テストでも、間違いだらけであっても、途中で投げ出さずに最後までやることです。**わからないことは仕方ありません。わかるところだけは確実に答える。自分ので**

きる範囲でやり切ること。そういう姿勢を評価する必要があるのではないでしょうか。

どんなことでも、やり始めたら最後までやってみることです。**本を読み始めたら、面白くなくても少々難しくても、とにかく最後まで読みます。**時間がかかっても最後まで読む。そして、読み切ったらよくやったと自分をほめてあげます。そうすることで達成した喜びを感じることができます。

達成した喜びをたくさん感じれば感じるほど、やる気は満ちてきます。

達成感を感じるには、目標を決めることもひとつの方法です。今日は、参考書の一〇ページまでを勉強すると決めてやり切る。野球が好きならバット素振りを五〇〇回やると決めてきちんとやってみる。

あまり高いハードルを設定すると続きません。**まずは低いハードルから始めて、とにかく達成できた喜びを感じることです。**低いハードルが跳べれば、今度はもうちょっと高くしようかと思うものです。そうやって徐々にレベルを上げていき、それを達成するという癖をつけます。**一つひとつハードルを越えていくと、結果も出てきます。**成績が上がったり、野球がうまくなったり。そうすれば、さらにやる気も出てきます。自信がついてきます。

「やる気を出すぞ！」「自信をもて！」

と言葉で言っても、なかなかやる気は顔を出してくれません。自信もつきません。**小さな達成感を少しずつ重ねていくことで、やる気がわき出てきて、自信もついてきます。**

⑰プラスに考えるとプラスの出来事が起こる

ものごとにはすべてプラスとマイナスがあります。一般的にプラスはいいこと、マイナスは悪いこととされています。第一志望の大学に落ちるというのはマイナスのことです。しかし、第二志望の大学ですばらしい先生に出会って、人間的にすごく成長したとしたら、第一志望に落ちたことがプラスに働いたことになります。

第一志望に落ちたからとずっと落ち込んでいては前へ進めません。第二志望に受かっても、うれしくもなんともないし、入学してからも勉強する意欲も出ないでしょう。せっかくの大学生活がつまらないものになってしまいます。**マイナスを引きずっていると、マイナスのことしか起こってきません。**

第一志望に落ちたら、しばらくは落ち込んでいてもいいだろうと思います。一所懸命にがんばったんだし、その大学へ行くことにあこがれていたのですから、落ち込むなというのは無理な話です。

しかし、いつまでも引きずらずに、どこかで気持ちを切り替えます。第二志望の大学では、きっとすてきな彼女が待っていてくれるはずだ。そのために第一志望に落ちたんだ。バラ色のキャンパスライフが待っているぞ。そんなふうに、不合格を前向きに考えてみます。

そうすると、すてきな彼女は待っていなくても、いい先生やいい友だちと出会えたり、楽しいサークルに入って、大学生活を満喫できたりします。**ものごとをプラスに考えると、プラスの出来事が起こってくるものです。**

マイナス思考の人は、プラス思考の人と比べて素直さが不足している傾向があります。先ほどお話したように、素直さは潜在能力を発揮するための大事な素養です。

たとえば、「かっこ良くなったね」とか「きれいになったね」とほめられたとき、どんな反応をするでしょうか。「そんなことないですよ。目の錯覚でしょ」と答える人もいれば、「ホント、うれしい。ありがとうございます。ばんざい」と大喜びする人と、どちらがプラス思考で、どちらがマイナス思考でしょう。おわかりですよね。前者がマイナス。後者がプラスです。

相手はお世辞で言っているのかもしれません。何か下心があってのことかもしれません。しかし、そんなことはどうでも良くて、ほめられたら素直に喜んでしまうことです。ありがとうと感謝します。**たとえ見え透いたお世辞だと思ってもまずは喜んでしまえばいいのです。そういう癖をつけておくと、いろいろなことがプラスに動き出します。**

⑱自分の「感じる気持ち」を大切にしてあげよう

私たちは日々、いろいろなことを感じて生きています。楽しいとかつまらないとか、うれしいとか悲しいとか、面白いとか面白くないとか。そんなの当たり前じゃないかと言われるかもしれませんが、だれもが自分が感じたことを、自分はこう感じていると認識しているとは限らないし、感じたことを正直に出せるかというと、けっこう難しかったりします。

たとえば、友だちと人気の映画のことで盛り上がっているときに、みんなが「面白かった」と言っている中で自分だけ「あまり面白くなかった」とは言えません。面白くないと感じていても、まわりに合わせて面白かったふりをしないといけないことが多いでしょう。ああいう映画を面白いと思うのが普通の感覚なんだと、自分に言い聞かせながら話題についていこうとする人もいます。そうやっているうちに、自分の感覚よりも、まわりに合わせることを重視するようになって、感覚にふたをしてしまうことがあります。

感覚がひどく鈍ってしまうと、映画でも音楽でも本でも、まわりのみんながいいと言っているからとか、テレビや雑誌でほめていたからという理由で面白いと思い込むようになってしまいます。自分の感覚はどこかへ置き去りにされてしまうのです。

これはとても危険なことで、本当は面白いと思っていないのに、頭で面白いと思おうとすると、これは自分に嘘をつくことですから、感情がいびつになってしまいます。それが高じると、どんどんと心が苦しくなってきます。人と会いたくなくなる。学校へ行きたくなくなる。ちょっとしたことで親に反抗する。そんなことが起こってきます。

自分がどう感じているのかということをもっと大切にしてあげることです。みんなが「面白いね」と盛り上がっているところに、「面白くなかったよ」と水を差すようなことを言うのではなく、その場はまわりに合わせていても、「でも、やっぱり面白くないよね」と、自分の感情を心の中で肯定してあげればいいのです。

感じることは頭ではコントロールできません。勝手に「楽しい」とか「つまらない」と心が動きます。まわりのみんなが面白いと思ったことであっても、自分は面白くないと感じたのだからこれは仕方のないことです。自分が悪いわけではありません。感じ方をねじ曲げる必要などまったくありません。

いつも、自分はどう感じているのだろうと意識を向けてみてください。そうか、こう感じているんだと自分を理解してあげる。それが自分を大切にすることにつながります。

⑲失敗を学びにして次につなげる

失敗はだれからも嫌がられます。でも、だれもがしてしまうことです。失敗しない人なんて一人もいないでしょう。

野球の大スターであるイチロー選手でも、一〇〇回バッターボックスに立てば、六〇回以上も凡打に終わっています。六割から七割も失敗しても大打者として歴史に残るのです。彼が失敗を嫌がっていたら、怖くてバッターボックスに立てないと思います。ミスをしても、失敗を次に生かせるように気持ちを切り替えることによって、彼は長い間、超一流の選手として活躍できたのだろうと思います。

発明王エジソンの有名なエピソードがあります。

エジソンは電球を発明し、世の中を明るくした天才です。しかし、簡単な発明ではなくて、数え切れないほどの失敗を繰り返しました。あるとき記者が「一万回も失敗したことをどう思っていますか？」と質問しました。それに対するエジソンの答えが見事でした。

「私は失敗などしたことはありません。一万通りのうまくいかない方法を発見したのです」

すかっとしますね。失敗ではなく、うまくいかない方法の発見なんですね。

「失敗は積極的にしていきたい。なぜなら、それは成功と同じくらい貴重だからだ。失敗がなければ、何が最適なのかわからないだろう」

とも言っています。

失敗を怖がっていると新しいことにチャレンジできません。失敗して、これではうまくいかないと、次の方法に取りかかり、また失敗して、ここを直せばいいだろうと、またチャレンジ。そんな繰り返しの中から大きな発見や発明は生まれてくるのです。

勉強も仕事も同じです。ひとつの方法を試してダメだったら、それをもとにして新しい方法に取り組んでみる。それを繰り返していくと、自分にもっとも合った勉強法が作り出せる。つまり、失敗を役に立てれば、それは失敗ではなくなる。学びになる。

日ごろの試験でどんどんと失敗をしておく。でも、失敗を失敗のままで終わらせてはいけない。失敗を学びにして次につなげていく。それで入試のときに生かせば、いい結果を

得ることができる。

しかし、人間だから肝心の入試で失敗してしまうかもしれません。イチローもチャンスで凡退してしまうことがあるのですから。でも、**入試の失敗もこれも将来の糧になります。そうすれば失敗ではなく学びになります。**

⑳こんな人になりたいと目標を決める

私は塾の講師たちに「子どもたちがあこがれるような大人になってほしい」と言っています。子どもたちにとってまわりにいる大人と言えば、お父さん、お母さんであり学校の先生、塾の先生です。そういう大人を見て、自分が大人になったときをイメージします。

しかし、お父さんがサラリーマンでお母さんはパートに出ているという家が多くて、子どもたちはお父さん、お母さんががんばって働いている姿を見ることも少なく、休みの日に家でゴロゴロしている姿だけがインプットされてしまいます。親という身近さもあって、なかなかあこがれの対象になりません。

学校の先生も、今はさまざまなしばりがあったり、雑用に追われたりして、自分の意見を主張したり、生き方を見せる場も少なくなりました。子どもたちにかっこいいところがなかなか披露できません。

そうなると、塾の先生の役割は大きいものとなります。塾の先生は多種多様です。真面目な人もいれば、中には若いころにずいぶんとやんちゃだった人もいるし、さまざまな仕事を経験してきた人もいます。そういう先生たちが語る、山あり谷ありの体験談は子どもたちにとってはとても刺激的です。こんな面白い大人がいるのだ、こういう大人になりたいと、子どもたちがあこがれをもつだけの存在になることができます。

塾の先生は勉強を教えるだけでなく、そういう大人であってもらいたいと私は願っています。

子どもばかりではなく、大人にとっても、お手本になる人、目標となる人をもつといいでしょう。身近な人なら最高ですが、なかなかそういう人は見つかりません。それなら、テレビに出ているあの人とか、この本を書いている人とか、歴史上の人物でもいいでしょう。こういう人になりたいと目標を決めることです。

プロ野球でもサッカーでも、かつてはアメリカやヨーロッパでプレーをするなどということはとんでもなく高いハードルでした。そんなことできっこないと思われていました。しかし、野茂投手や奥寺選手、三浦カズ選手が海外で活躍する道を開いてくれました。若い選手たちにとっては、それが目標になりました。できるはずがないという考え方から、できるかもしれないという意識に変わりました。そしたら、実際に後に続く人たちが続々と出てきました。日本人は海外では通用しないという考え方は古臭いものとなりました。

自分にもできる。そう思える若者が増えてきて、今ではたくさんの選手が大活躍をしています。**こんな人になりたいと思える人が見つかると、勉強や仕事にも意欲が出てくるものです。自分が磨かれていきます。**

㉑姿勢を正せば心も整い、元気になる

何事に取り組むにも、心身の形を整えることが重要です。

たとえば、勉強をするときの姿勢です。背筋を伸ばしてしっかりと前を向いて授業を受けることです。姿勢が悪いのは、心の緊張感が欠けている証拠です。不安や恐怖でも緊張感はマイナスですが、これから勉強をするのだというすがすがしい緊張感は大切です。勉強の能率を上げてくれます。

正しい姿勢は、ゴルフや柔道などのスポーツだけに求められるものではありません。書道や彫刻、絵画などにも求められます。日本には古来から姿勢を正すことから正しい道が見つかるという考え方があります。

姿勢の美しさは心の姿を象徴しています。だらしのない崩れた姿勢は、これから取り組もうとしていることへの意欲を放棄しているととられても仕方ありません。きちんとした

姿勢をとることは、意欲を高める上でも効果的です。よしやるぞっ、とやる気を出したときの自分を観察してみてください。寝転がっていたり、椅子にだらしなくもたれていたりしないでしょう。背筋が伸びているはずです。顔もきりっとしているに違いありません。

私の塾では、**勉強に意欲が見られない生徒は、教室の外に出てもらいます。**ひとつには、やる気のなさがほかの生徒に悪影響を与えるからです。もうひとつは、外に出ているうちにやる気が湧き上がってくる生徒がいるからです。そういう生徒が教室へ戻ると、教室全体がぴりっと引き締まって、勉強の効率も上がります。

何か大事なことに取り組もうとするときには、まずは姿勢をチェックしてください。しっかりと背筋を伸ばします。そうすることでやる気が出てきます。できたら日ごろから姿勢には気をつけてください。何事にも積極的に取り組めるようになるはずです。

もうひとつ注意していただきたいのは**礼儀正しい言葉使いと態度です。**乱暴で思いやりのない言葉を使っていると、何をするにしてもうまくいかないものです。あいさつはもちろん、「はい、そうです」「いいえ、違います」「わかりません」「ありがとうございました」と姿勢を正してはっきりと言うようにすることです。

やる気を出そう、何事にも積極的に取り組もう、もう少しがんばろうと言葉で言うのは簡単ですが、なかなか心は動いてくれません。心だけを動かそうとするからです。

心と体はつながっています。**まずは体を動かすことです。**形から入る。そうすることで、姿勢を正せば心も整い、元気になり、思わぬ大仕事ができたりするのです。

㉒「みんなちがって、みんないい」

詩人の金子みすゞさんの有名な詩「わたしと小鳥と鈴と」、この詩を読んで、たくさんの人が心打たれたと言います。「鈴と、小鳥と、それからわたし、みんなちがって、みんないい。」という最後の一節はよく知られています。

みんなちがって、みんないい。その通りだと深くうなずかされます。

だいたい、みんなちがっているのが当たり前です。にもかかわらず、こういう人間でなければならない、これをしなければいけないと枠にはめられ、その枠から外れてしまうと叱られたり、罰を与えられたりしてしまうのが今の世の中の現状です。そのため、多くの人が狭い枠の中で窮屈な思いをしなければならなくなってしまいます。まるで狭いケージに入れられた鶏みたいです。その窮屈さのためにうつ病になったり、いじめがあったりするのではないでしょうか。

たとえば障がい者と言われる人たち。彼らは、私たちが考えている健常者という枠に入っていないために、色眼鏡で見られてしまいます。何もできない人とか、かわいそうな人、役に立たない人と思われてしまいます。

障がい者と言われる人たちの中には、絵や書や音楽の人並み外れた才能を発揮したり、感動的な詩を作ったりする人もいます。そういう特別な才能がなくても、私がそうだったように、障がいのある子どもがいることで、さまざまなことに気づくことができて、人間的にも成長させてもらえる場合もあります。どんなに重度の障がいがあっても、決して意味のない存在ではないのです。

まわりの人たちのことを認められるようになれば、人はもっと光り輝けるようになります。ちがいを見つけて非難をしたり、相手を変えようとするのではなく、みんなちがってみんないいと、ちがいを受け入れて、ちがったままの相手を尊重します。

それができれば、自分の心も相手の心も、そして世の中も平和になります。友だちと話をしていてムッとしたりしたら、ムッとした感情は無視しないで受け止め、その上で「みんなちがって、みんないい」と唱えてみてください。心の中がすっと晴れていきます。一度で晴れなければ二度三度と唱えてみてください。

ちがいを認めて人と付き合うことで、こんなにも気持ちが楽になるのかとうれしくなってくるはずです。みんなで唱えましょう。みんなちがって、みんないい。

一人ひとりが自分の本来の輝きを取り戻せばいい

自分の中のすばらしさをより輝かせるための方法を二二個紹介しました。まだまだたくさんあると思います。これを全部やれと言っているわけではありません。

できること、あるいはピンとくることからやってみてください。

繰り返しになりますが、とても大切なことなので再度言っておきたいと思います。ここにあげた二二項目は、「すばらしい人になるため」のものではありません。なぜなら、すべての人が、すでにもう「すばらしい人」だからです。

しかし、現実生活の中で生きてきて、いろいろなことがあって、生まれたときには光り輝く黄金の玉だった自分が、少しずつくもってしまっているところはあるでしょう。どんなことがくもるかはその人の置かれた状況や考え方などで違ってきますが、多かれ少なかれ、荒波にもまれて生きているうちにくもってしまうのは仕方のないことでしょう。

しかし、**せっかくの黄金の玉です。くもらせてしまうのはもったいないではないですか。**このままくもるのにまかせておくと、ほとんど光を発しない、そのへんに落ちている石ころになってしまうことだって考えられます。

今ここで、ちょっと生き方、考え方を変えれば、もともとのすばらしい光を取り戻すことができるのです。

私は、塾を経営していますから、高校受験、大学受験にチャレンジする子どもたちとその親御さんたちと、とても深くかかわる毎日を送っています。私が追い求めているのは、もちろん有名な学校にたくさんの生徒を合格させることもありますが、それ以上に、せっかくうちの塾へ来てくれたのですから、学力ばかりではなく、人間力も高めてもらうことです。それは生徒だけでなく、親御さんにも、子どもの受験を通して成長していただきたいと願っています。そして、私も塾のスタッフも、まだまだ成長していかないといけません。

世の中は「すばらしい人」であふれているのに、何だか閉塞感があったり、悲しい出来事が起こったりしています。いじめもそうです。どうしてそんなことになってしまうのでしょうか。もともともっているすばらしさが発揮できていないからではないでしょうか。

自分を成長させ、人を幸せにし、世の中を良くするには、一人ひとりが自分の本来の輝きを取り戻せばいいのです。小さな努力をする人がたくさん集まれば、大きな進歩につながります。そんなことを願ってあげた二二項目です。

小さな努力でいいので、ぜひ実行してみてください。

第三章

「すばらしい人間＋勉強もできる」はもっといい

——眠っているパワーを掘り起こそう

自分のすばらしさが表現できると、勉強をしたくなる

「勉強が好きですか？」

と聞かれて、「Ｙｅｓ」と答える子どもはあまりいないでしょう。大人に「子どものころ勉強は好きでしたか？」と聞くと、ほとんどが「Ｎｏ」と答えます。

勉強というのは嫌なものと、多くの人が思い込んでいます。

私は、「勉強の嫌いな人は勉強をしない方がいい」と話しています。見放すような言い方に聞こえるかもしれません。そうじゃないのです。この言葉には深い意味があります。

私が言いたいのは、勉強が嫌いになるような勉強の仕方ならしない方がいいということです。勉強が嫌いな人は、やり方が間違っている場合が多いのです。決して心底から勉強が嫌いではなく、人には勉強をしていろいろなことを知りたいという欲求があるのですが、勉強に対して間違ったアプローチをするために、その欲求が抑えられてしまうのです。

砂時計というのをご存知だと思います。砂時計は真ん中がくびれています。この細いくびれから少しずつ砂が下に落ちていきます。くびれが太ければ砂は早く落ちます。細ければなかなか落ちていきません。

勉強ができるかどうかは、このくびれの太さと関係があります。太い人は勉強ができるし、細い人はできないのです。勉強をするというのは、このくびれを太くする手段です。短時間にたくさんの情報や知識を蓄えることができて、勉強が面白くなってきます。

くびれが太くなれば、勉強ができるようになるばかりではなく、自分のもっているさまざまな能力が開花してきます。つまり、自分のすばらしさが表に出てくるのです。

自分のすばらしさが表現できると、毎日がとても楽しくなります。そうすると、また勉強をしたくなる。学校の勉強ばかりではありません。本を読んだり人と会ったり映画を見たりゲームをしていても、そこからさまざまなことを学び取ることができるようになります。

勉強は、知識を高め学力をアップするためだけにするものではありません。人間力を高めるため、砂時計のくびれを太くすることが大切です。勉強にはそういう目的があるということです。砂時計のくびれを太くするにはどうしたらいいか、この本を最後まで読んでいただければわかるはずです。

集中力を高める上でもっとも大切なことは

脳の活力は集中力によって高められます。集中力が偉大な仕事を生み出します。集中力というのは、自分のまわりに心を乱す原因がなく、安定した心理状態のときに発揮され持続します。

自然界を見てください。野生の動物たちはいつ敵に襲われるかわかりません。たとえば、何かに夢中になってまわりが見えないような動物は、すぐに天敵の餌食になってしまいます。ですから、動物たちは常にまわりを見回し、自分の安全を守っています。それが動物の本能です。

人間にもそういう本能があります。ひとつのことに集中するというのは、命を失う危険と背中合わせなのです。ですから、勉強になかなか集中できないというのは動物としての本能ですから仕方のない部分はあります。

しかし、安全が保障されるような状況にあれば、人は集中することができます。まわりにライオンがうろついていて、いつ家の中に飛び込んでくるかわからないような環境で集中して何かに没頭するというのは不可能です。いくらゲームが好きな人でも、ライオンの目の前でゲームに夢中になるのは無理な話です。

私が集中力を高める上でもっとも大切だと感じているのは、親の言動です。親の言葉や行動が、子どもにとっては家のまわりでうろうろしているライオンのような存在になったりすることがあります。親の何気ないひと言を子どもは深刻に受け止めることがあります。

「こんなことしていたらお母さんに叱られるかもしれない」

そう思わせた途端に、お母さんはライオンになってしまいます。子どもはお母さんが見てないだろうか、部屋に入ってこないだろうかとびくびくしないといけません。そんな環境で勉強に集中することなどできません。

子どもは黙っていると遊んでばかりいると思うのは大きな勘違いです。学びたいという欲求はだれにでもあります。「勉強しなさい」と言えば言うほど、子どもは勉強に拒否反応を示してしまいます。自分が子どものころを思い出せばわかると思います。

第五章に親としてやってはいけないことを紹介しています。勉強しようという意欲はあるのに、親のひと言で集中力が切れてしまうというような人は、親にこの本を読ませてあげてください。子どもにもっと勉強してほしいと思う親御さんは、五章に書かれていることを、ぜひ実践してください。親はライオンにならないことです。

何かに夢中になっていると脳はどんどん活性化する

集中すると言ってもレベルはいろいろです。我を忘れるほど集中すると、とんでもないことができてしまいます。だいたい、天才と言われる人は、ひとつのことにまわりが見えなくなるほど集中します。天才と凡才の別れ道は集中力にあると言っても過言ではありません。

何にも集中できないという凡才の域を少しだけ出るには、自分はどんなことだと夢中になれるかを考えてみることです。**「好きこそ物の上手なれ」という言葉がありますが、まさに集中力の大切さを教えてくれています。**好きなことには集中できます。ですから成果が出るのです。

大江光さんという作曲家がいます。ノーベル賞作家の大江健三郎さんの息子さんです。光さんには生まれつき知的な障がいがありましたが、小さいころから鳥の声を聞き分けて鳥の名前を言い当てたり、クラシックに強い関心を示しました。何か才能を感じさせる子どもでした。その様子を見たご両親は、彼にピアノのレッスンを受けさせました。それが「好きこそものの上手なれ」をはるかに超えた結果を生み出します。

彼は世界的に注目されるほどの作曲家にまでなったのです。脳にハンディがありながら、それを乗り越え、類まれな集中力ですばらしい曲を世に出してきました。あるいは、脳の障がいが、音楽という才能を引き出したのかもしれません。そこに「好き」が加わり、自分の全存在をかけて音楽に集中できたことで、大輪の花を咲かせたのではないでしょうか。

人はだれでも天から授けられた能力があるように私は思います。光さんの場合は音楽が天分でした。父の健三郎さんは文才です。野球やサッカーで活躍できる天分をもって生まれた人もたくさんいます。学問で優れた業績を残せるような才能もあるはずです。

天から与えられた能力の特徴は、それに夢中になって取り組めるということです。天分だからと言って、すいすいとやれるものではありません。壁にぶつかっては自分には才能がないのではと自信をなくすこともあります。

しかし、それでもあきらめる気にはなれない。集中力をなくしたり、投げやりになったりすることもありません。苦労があっても、大変であっても、夢中になれるのです。それこそ天から与えられた能力です。

だれにでもひとつはあるはずです。小さなことでもいいので、何かに夢中になっていると、脳はどんどん活性化していきます。

やっていると時間を忘れてしまうもの、ありませんか

たとえば、サッカーだったら夢中になれるという子がいるとします。でも、どう見てもプロになれるほどの技術はない。このまま続けるのは時間の無駄ではないかと思う親御さんもいます。

でも、夢中になれる。うまくなくてもサッカーを一所懸命にやれるというのは、その子にとっての天分を見つける大きなきっかけです。

先ほど、『十二番目の天使』のお話をしました。ティモシーという男の子は、打てない、守れないのに、野球に夢中になりました。最後の最後に優勝を決めるヒットを打ちます。彼は脳腫瘍という病気で亡くなりました。もし、彼が元気だったら、ずっと野球を続けたと思いますが、たぶん、うまくはならなかった。大リーグの選手になるなんて、そんなのは夢のまた夢でしょう。

でも、野球に夢中になれる子には、野球が得意な天分が与えられているというわけではありません。プレーヤーではなくても野球にかかわることはいくらでもあります。ティモシーは、高校や大学で野球部へ入っても、選手としては使いものにならなかったでしょう。しかし、作戦を立てたり、相手の選手の特徴を見抜く力があったかもしれません。チームメイトをいたわる優しさは間違いなくあったでしょう。それなら、コーチになるという道もあれば、マネージャーになっても役に立つはずです。

大学を出てからも、どうしても野球から離れられなければ、スポーツ新聞や野球の専門雑誌の記者になるという選択もあります。名物記者になって、大リーグのスタープレーヤーにインタビューしていたかもしれません。ティモシーがそういう道を選んだかどうかはわかりませんが、あれだけ夢中になって野球に取り組めるというのは生半可なことではありません。何か、彼が進むべき道を示唆してくれているとしか考えられません。

大江さんも光さんが鳥の声を聞き分けたり、クラシックに興味をもったことで、この子には音楽の才能があると感じてピアノを習わせたのかもしれません。彼が夢中になる姿を見て、彼の天分が何かを感じ取ったのではないでしょうか。障がい者だからできない……

という目で見ていたら、光さんの天分が輝くことはなかったでしょう。

なぜかわからないけれども、これをやっていると時間を忘れてしまう。そんなことの中に、自分の天分は隠されています。それこそ、自分のすばらしさです。それを磨くことに喜びを感じてみてはどうでしょうか。

「間違ってもいいんだ」

勉強はテストでいい点をとるためにやるものだと思っている人がいます。そのときそのときの点数に一喜一憂してしまいます。もちろん、いい点数を取るのはうれしいことですが、そこにばかりこだわってしまうと、物事を「正しい」「間違っている」で判断してしまう人になる危険性があります。

そうなると、何をするにも「間違ってはいけない」と緊張してしまいます。間違っても大したことがないという場面でも、どちらを選択するかなかなか決まりません。

たとえば、お母さんに買い物を頼まれたとします。お母さんに言われたものを間違いなく買ってこないといけないと思うと、緊張してしまって買い物は楽しくないし、メモを何度もチェックしないといけないので、自分が好きなお菓子があっても目に入りません。リラックスしてスーパーの売り場を回っていれば、変わった食材が目に入ったりすると、どうやって料理をするんだろうと興味がわくことがあります。

勉強でも同じです。テストのときは間違わないように注意をする必要がありますが、日ごろの勉強のときなら、もっと違うやり方があるのではと、いろいろと試してみることが砂時計のくびれを太くすることにつながります。

歴史でも、たとえば明治維新のことを勉強しているときには、教科書には出ている有名人の名前や業績を覚えるだけではなく、あまり知られてない人物のことも調べてみると面白いことが発見できることがあります。

テストには出ないような人物であっても、その人の生き方を調べることで、こういう人がいて、こういう役割を果たしたのだと知ることで、知識の幅はぐーんと広がります。自分の生き方に影響を与えてくれるかもしれません。

買い物の話に戻りますが、私は父兄の方たちに、買い物を頼むときには「間違って買ってきても気にしなくていいんだよ。後でほかのお料理に使うからね」と、緊張させないためのひと言を言ってあげてくださいと話しています。

そして、「あなたがお買い物を手伝ってくれるので、お母さんとても助かっているよ。ありがとうね」と感謝の言葉を添えてあげれば、子どもの喜びはもっと大きくなります。

「間違ってもいいんだ」「間違っても叱られない」

ということを知ると、砂時計のくびれは太くなります。子どもたちは伸び伸びと生きられるようになります。

子どもに間違った緊張感を強いたり、無駄な努力を強制してストレスを与えてしまうと、せっかくの才能もすぐにしぼんでしまいます。もったいないことです。

「五分間のお手伝い」が、より勉強の能率を上げるこの方法

前章で**五分間のお手伝いで脳からアルファ波が出て勉強の効率が上がる**という話をしました。私にとってはこのことは確信になっています。ここでは具体的にどういうふうにすればいいのかをお話しします。

お手伝いと言っても何をすればいいのかわかりません。簡単です。

家族のためになることなら何でもいいのです。お父さんのくつを磨く。玄関の履物をそろえる。窓ガラスをふく。風呂場の掃除をする。食器を洗う。部屋を掃除する。

五分ですから限られたことしかできませんが、それでも確実に玄関も窓ガラスも台所も部屋もきれいになるはずです。**親に言われてやるのではなく自発的にやれば、たった五分のお手伝いがとにかく気持ち良く感じられます。癖になります。**

「五分間だけどお手伝いするよ」

と、子どもの方から言ってくるようになります。そんなときに、「たった五分なの」と不満そうに言ったり、「そんな暇があったら漢字を覚えなさい」とつれないことは言わないようにしてください。**喜んでください。感謝してください。これはお父さん、お母さんへのお願いです。**

さて、五分間のお手伝いがより効率的になる方法をお伝えします。**お手伝いのあとの学習計画をあらかじめ決めておくことです。**たとえば、「この三問を一五分でやろう」という具合です。一五分で三問を終わらせれば休憩します。もし三問ができなくても一五分たったら休憩します。

また学習計画を立てて、五分間のお手伝いをします。五分間をもったいないと考えないでください。気分転換で脳力を活性化させているのですから、この五分間はもったいないどころか、貴重な時間なのです。

この方法を取り入れると、確実に勉強の能率が上がり、成績もアップします。

どうしてなのか？　説明します。

まずは、五分間のお手伝いで頭の中のイライラやクシャクシャが取れることもありますが、一番の大きな利点は前章でもお話しした**一五分のがまんが身に付くことです**。一五分間集中できたら、それを高く評価して、「よくやった」と自分をほめてあげてください。それに**一五分集中して勉強をすればかなりのことができると学習します**。

長い時間ダラダラとやるのではなく、短時間に集中してやることを覚えれば、勉強だけでなく、いろいろな場面でそのことは役立つはずです。

家族に感謝されると脳が活性化される

お手伝いの効用というのは勉強面だけではありません。**家族関係、家族のコミュニケーションを良くする効果があります**。

お手伝いをする側である子どもは、お手伝いによって自分は家族の一員だという思いを深めます。そこで、お母さんに「ありがとう」と言われたらどうでしょう。うれしくなります。親子の関係がとてもよくなります。**親子の関係は、間違いなく子どもの成績に影響**

を与えます。親とうまくいっている子は、勉強でもほかのことでも、自分の力を十分に発揮できます。

親子関係を良くする一番のコツは、お互いに感謝することです。子どもに感謝しなさいというのも、何か上から目線なので、親がお手本を見せることです。ちょっとしたことでも「ありがとう」と言えば、お互いに笑顔になります。距離が縮まります。

今の子どもの多くは、親から感謝されることが少なくなりました。親も忙しいのでイライラしていて、子どものいいところよりも、不足しているところばかりに目が向いて、ついつい小言を言ってしまいます。

玄関をきれいに掃除してくれていても、居間にゲーム機が置いてあると、「ありがとう」と言うのを忘れて、「なんでここにこんなものが置いてあるの」と言ってしまいます。子どもの立場に立てば、せっかく掃除したのにということになってしまいます。もう絶対にお手伝いはしないと頑なになってしまうのです。距離が遠くなってしまいます。

家族に感謝され、喜ばれれば、心地よい気持ちとなり、気分がリラックスして脳が活性化されます。

私が子どもたちに言うのは、お手伝いするのは相手のためじゃないよということです。相手が喜んで感謝してくれれば自分の気持ちも良くなります。気持ちが良ければ勉強をしようという気にもなります。勉強の能率も上がります。**お手伝いをするのは、自分のためなのだというのが私のアドバイスです。**

家族の信頼関係は、お互いに思いやる気持ちをもつことが一番です。思いやりの第一歩は、悪いことを探すのではなく、いいところを見つけようと努力することです。

親に対しては、これをしてくれなかったということを見るのではなく、こんなことをしてくれたということに目を向けます。朝ご飯を作ってくれた。洗濯をしてくれた。いくらでも親がしてくれたことはあります。

親も同じです。子どもがやらなかったことに目くじらを立てるのではなく、やったことをきちんと認めて感謝してほめてあげることです。そんなことを日々の生活の中で心掛けていると、確実に親子関係は良くなり、子どもの成績も上がっていきます。何より、幸せを感じるようになります。

手軽なことで脳はリラックスできる

リラックスすると記憶力も理解力も想像力も高まります。頭脳だけでなく、肉体もリラックスすることで免疫力が高まり健康な体になると言われています。強いストレスが続くと、それが原因で難病になったり、病気を悪化させたりします。リラックスすることは勉強にも健康にもとても重要なことです。

仕事のアイデアや発明などは、リラックスしたときにひらめきます。日本で最初にノーベル賞を受賞した湯川秀樹博士は、夜、寝床に入ってくつろいでいるときに受賞対象となった中間子理論がひらめいたと話されています。

もちろん、いきなりひらめくわけではありません。日ごろからの絶え間ない研究を続けてきた結果が、リラックスという状態の中で、ひらめきという形で表に出てきたのです。

こういう話はよくあります。コーヒーを飲んで一休みしているときに作品のアイデアが浮かんでそれがベストセラーになったり、企業でも大ヒット商品は緊張感の中よりも、リラックスしているときに生まれることの方が多いようです。

では、どうやったらリラックスできるか。

禅の修行に座禅があります。雑念をなくして意識を高めていこうという修行です。このときの脳からはアルファ波がたくさん出ていることがわかっています。修行なのですごく緊張している状態をイメージしますが、脳はとてもリラックスしているのです。だからこそ、悟りの境地に近づけるわけです。

ただ、日ごろから座禅を組めるかと言うと、これはなかなか難しいことです。もっと手軽なことで脳をリラックスさせる方法をお伝えします。

一分でいいですから、体の力を抜いて目をつむってください。これだけでもアルファ波が出て、リラックスした脳になります。一五分間集中して勉強をしたら、一分だけ目を瞑る。それだけで、疲れた脳はリフレッシュされて、勉強の能率は上がります。

お風呂へ入るのもいいでしょう。ぬるめのお湯にゆっくりと入ることです。集中して勉強をしたあとというのは脳が興奮しています。そのままベッドに入ってもなかなか寝付けません。興奮した脳を鎮めてゆっくりと眠るためにも、ぬるめのお湯につかるのは有効です。

親御さんは、**お子さんの脳をリラックスさせるために、できるだけ感謝の言葉をかけることです。**家族から必要な人だと思われることが、子どもにとってもっとも安心できることで、気持ちがとても安らぎます。

呼吸で簡単に、効果的にリラックスできる

リラックス法でとても重視されていて、簡単にできて、とても効果的なのが呼吸です。「えっ、呼吸？」と意外に思う人も多いかもしれません。何しろ、生きている限りだれもが呼吸をしています。寝ているときも呼吸は続いているわけで、あまりにも当たり前すぎて、呼吸の大切さに気づかない人がほとんどではないでしょうか。

呼吸を観察してみてください。一分間に一二回から一六回の呼吸を繰り返しています。

一時間にだいたい九〇〇回。一日だと、その二四倍で約二万一六〇〇回です。これを何十年も続けているのです。数分間止まれば命はなくなります。まずは、当たり前のように私たちを支えてくれている呼吸に敬意を表してください。

その上で、呼吸が心の状態によって変化することに気づいてください。たとえば、怒りを感じたときどうでしょうか。ハッ、ハッ、ハッと短くて浅い呼吸になっているはずです。深呼吸をしながら怒っている人を見たことがありません。

怒りだけではなく、悲しいとき、苦しいとき、イライラしているとき、あせっているときなど、ストレスがかかるようなときには呼吸は短くて浅くなっていると思います。

逆に、ゆっくりとしているときはどうでしょう。温泉につかっているとき、友だちと楽しく話しているとき、おいしいものを食べているとき。「ああ幸せだ」と感じるときは長くて深い呼吸になっているはずです。

たとえば、親から嫌なことを言われて「クソッ」と腹を立てているとき、呼吸は浅くて短くなっていますので、**意識して何度も深呼吸をしてみてください**。心の状態はどうなるでしょうか。怒りが少しずつおさまっていくはずです。**呼吸のすごさというのは、心をコ**

ントロールできることです。

先ほど、リラックスするには、一分でもいいので目をつむってみるといいと言いました。それだけでも効果的ですが、目をつむることに加えて、ゆっくりと深呼吸をしてみてください。さらに深いリラックスが得られ、脳の疲れがとれて、やる気が出てくるはずです。

勉強や仕事が進まないと、気持ちばかりが焦ってしまいます。そんなときには呼吸は短く浅くなっています。意識して深い呼吸をゆっくりとしてみてください。試験のとき終了時間が迫ってきて「どうしよう」と思ったときも深呼吸です。

長くて深い呼吸を心掛けて、脳をアルファ波状態にすると、記憶力も理解力も想像力も確実に高まります。眠れないときにも試してみてください。

困難は自分を成長させるチャンス

かわいい子には旅をさせろ、と言います。過保護ではいけないということです。家の中はどうしても過保護になってしまいます。だから、家の外へ出て厳しい社会の中で生きることが成長につながります。

家業を継ぐときでも、しばらくはほかの会社で修業をすることもよくあります。親が経営する会社では、どうしてもお互いに甘えが出てしまいます。それでは、社会のことがなかなかわかりません。そのために社会勉強という意味で外で働くのです。

人生を生き抜く上では、嫌なこと、つまらないこと、汚いこと、つらいことなどが必ずあって、それを避けて通れない場合はあります。過保護に育ってしまうと、そのことがわかりません。何か困ったことがあったり、嫌なことがあると、すぐにだれかに頼ろうとしたり、逃げ出そうとしたりします。

よく芸能人の子どもが違法な薬物を使ったということで逮捕されたりします。そのニュースを見るたびに、ひょっとしたらお金も名声も手に入れた人だから、子どもに対して過保護だったのかなと思います。

壁にぶち当たったとき、過保護に育つと、どうしても依存に走りがちです。親が何とかしてくれるうちはいいのですが、大人になれば親の手が及ばないこともたくさんあります。

そんなときに、ついついお酒や違法な薬物に頼ってしまうのかもしれません。

子どもであっても、その子の生活する社会というのがあります。小学生より中学生、中学生より高校生と、その社会は大きくなっていきます。**社会が大きくなれば、嫌なこと、つらいことも増えます。そのことを親は教えるべきだし、子どもも世の中は苦しいこと、大変なことがたくさんあるところなんだということも知っておく必要があります。**

そして、**人は苦しさをばねに成長するものだということも知ってください。**何か困難に遭遇したら、ひょっとしたらこれは自分を成長させるために起こっていることかもしれないと、**まずは自分でそれを乗り切るように努力してみてください。**乗り切ることができたら、その経験は大きな自信になります。

でも、中には自分の力だけでは乗り越えられない高い壁というのもあります。チャレンジしてみて、**自分一人の力では無理だと思ったら大人に相談してください。**大人は、経験がたくさんありますから、乗り越える方法をアドバイスしてくれます。そこで子どもたちもひとつの大きな学びをしてすてきな大人になっていくのです。

したいことを一五分がまんする。したくないことを一五分がまんしてやってみる

社会に困難は付き物なら、それに耐える力をつけるトレーニングをする必要があります。もちろん、厳しい修行をして精神力を高めるというのもひとつでしょう。でも、もっと日常的にやれることがあります。

勉強するというのは、多くの子どもたちにとっては苦痛です。だから、そこから逃げ出す子もいます。でも、苦痛だからと言って逃げ出すことを繰り返していては、困難に耐える力はつきません。

勉強を嫌々やっていると、のどが渇いたと言っては台所に行って冷蔵庫を開けたり、何度もトイレへ行ってみたり、「せっかく勉強しようと思ったのに、お母さんがうるさく言うからやる気をなくした」とか「消しゴムがないからできない」とか「寒いのにストーブ

がない」など、できない理由を見つけて逃げ出そうとします。それでは、能率も上がらないのはもちろん、困難に耐える力もつきません。

そこでやってほしいのは、先に述べた「一五分のがまん」です。**したいことを一五分がまんする。したくないことを一五分がまんしてやってみる。**一日中やっていろと言われたら逃げ出したくなることでも一五分ならできるはずですし、一五分なら寒いのもがまんできるでしょう。

そのときにはこれまでお話ししたことを活用してください。勉強しようと決めたら、五分間のお手伝いをしたり、目をつむってゆっくりと深呼吸を繰り返したりして、脳をアルファ波の状態にしておいて、机に向かいます。一五分間は勉強に集中する。そう決めて取り組みます。

脳がリラックスしていると、一五分はあっという間に過ぎてしまいます。あまりにも早く一五分が過ぎ、思った以上に能率が上がるので、あと一五分やってみようと思うこともあります。

それを繰り返しているうちに、こうやったら大変なことでも乗り越えられると、学習してしまいます。**何か困難に遭遇したとき、一五分のがまんを思い出して、深呼吸をして「とにかくやれることはやってしまおう」と、前向きに対処ができるようになります。**前向きになって、真正面から取り組むと、できるはずがない、自分には無理だと思っていたことができてしまったりします。

今の子どもたちはどうしても過保護に育てられてしまいます。ライオンのように千尋の谷に落とせとは言いません。日常的に一五分のがまんを、親も子も意識して、少しずつ耐える力を蓄えていってください。

子どもに暗い顔は似合わない

今の子どもたちは管理社会の中で、息つく暇もないほどに、学校、塾、習い事に追い回されています。中学生になれば部活が始まります。高校受験もあるしプレッシャーがいっぱいです。

　クラブ活動でも、子どもはみんな楽しくやっているわけではありません。学校でどこかのクラブに入らないといけないと決まっているので、あまり気が進まないのに入っているという子もいます。そこで、先生に怒鳴られ、毎日毎日、暗くなるまでしごかれ、休みの日にも出かけていかなければならないこともあります。たまったものではありません。

勉強も、なぜ勉強しなければならないのか、理由もわからず、子どもは勉強をするものだと決め付けられて、面白くもない授業を受けさせられ、テストに苦しめられ、点数が悪いと親からも先生からもうるさく言われます。

友だち関係も大変です。中学生くらいになると、グループができます。どこかのグループに入らないと仲間外れになるので、興味もないのにみんなの話に合わせたり、愛想笑いをしたりしないといけません。

　大人の社会でも、サラリーマンの方で、うつ病で苦しむ人が増えてきています。中には自ら命を絶つ人もたくさんいて、社会問題となっています。これも、過度な管理社会が作りだしたものだと思います。気の進まない仕事をやらされ、やりがいを感じられず、成績が上がらないので出世競争からドロップアウトしてしまう。よけいに仕事が面白くなくなる。人間関係が疎遠になってしまう。

まるで、学校と同じです。**子どもたちの中にもうつ病の症状を呈する子が増えてきています。**学校へ行くのが苦痛で仕方がない子もたくさんいます。不登校の子はどんどんと増えています。

本来、子どもというのは屈託なく、のびのびと元気に遊び回っているものです。暗い顔は似合いません。遊びの中からさまざまなことを学んで大人になっていきます。なのに、今は子どものときからプレッシャーがかかってきて、屈託なくのびのびとなどとは言っていられなくなっています。

勉強ができるとかスポーツができるということは、すばらしい人間であることの絶対条件ではありません。プラスαの要素として考えた方がいいと思います。この本のテーマである、人間はすべての人が輝く存在だということを大事にした上で、勉強やスポーツも考えるのがいいのではないでしょうか。

ダメだと思い詰めず、ちょっと視点を変えてみる

勉強がわからないというのは、大人が考える以上に子どもにとっては深刻な問題です。毎日学校へ行くということは、勉強ができない子にとっては、自分の能力不足と直面させられる、ある意味の拷問でもあります。

大人でも、たとえば営業の仕事について、あちこちを回るのだけれども、まったく契約がとれなかったとします。断られるたびに「ああ、自分には営業の能力がない」と落ち込んでしまいます。営業に出ることが恐怖になってしまいます。

よく、就活で何社受けても落ちる学生がいます。しっかりと対策を立てて面接に出かけるのですが、結果はいつも不合格。だんだんと自分に自信がなくなっていきます。自分は社会に必要とされていないのではないかと、自分の存在価値にまで疑問を感じるようになってしまいます。「たかだか就職試験に失敗したくらいで落ち込むなよ、次は大丈夫さ」

と友だちは励ましてくれますが、本人はもう立ち直れないほどのとんでもないダメージを受けているわけです。

勉強ができないのに学校へ行っている子というのは、契約が取れない営業マン、就活の失敗を繰り返している学生と同じです。

こういうときこそ冷静になることが必要です。ゆっくりと長い呼吸を何度も繰り返し、脳をリフレッシュします。アルファ波が出ると、ダメだダメだという思いに固まった頭脳が少しずつ柔らかくなってきます。視界が広がります。こうなった原因は何か。これからどうすればいいのか。解決の方法を考える余裕が出てきます。

確かに、営業マンで商品が売れないとか、就職しようと思ってもどこにも採用されないとか、学校へ行っても勉強がわからないというのはきついことです。

でも、それだけで人の価値は計れるものではありません。営業には向いていなくても経理関係だったら力を発揮できるかもしれません。自分が受けた会社は自分に向いていないのかもしれません。優秀な営業マンが必ずしも幸せになるとは限っていません。第一志望の会社に就職しても数年で気持ちが折れてしまう人もいます。

できないこと、失敗することは悪ではありません。

勉強も同じです。自分ばかりが悪いわけではありません。先生の教え方が悪くてわからないということもあります。実際、学校ではわからなかったことが、うちの塾へ来たら簡単にわかってしまって、勉強へのコンプレックスがなくなった子はたくさんいます。自分ばかりを責めないことです。

生活を改善すると学力も上がる

自分はダメだと思い込んでいる人は、ぜひ毎日の生活をチェックして、改善できるところは改善してください。

勉強や仕事、就職がうまくいかないことと日常生活が関係しているとはだれも思わないかもしれません。ところが、私は長い間、塾の教師をしていて、**子どもの「学力」は子どものの「生活力」と深く関係していることがわかってきました。日常生活が学力を左右する**

のです。これは、仕事でも就活でも同じだと思います。

たとえば、朝、自分で起きられない、いつも親に起こしてもらっている子どもは、いつまでたっても学力が向上しません。自分で起きられないというのは、自立ができていないことで、「生活力」の弱い人です。

ある子どもに、私は毎日**「朝、自分で起きられることが勉強ができるようになる秘けつだ」**と言い続けたことがあります。その子は、親に起こされないといつまでも寝ているような子でした。その子も、勉強ができるようになりたいということで、何度も何度も一人で起きることにチャレンジしました。

一人で起きるなんて簡単じゃないかと言う人もいるでしょうが、難しい子には難しいのです。いくらうるさく言ってもできません。しかし、その子が気にしている勉強との関係を話せば、がんばってやってみようと思えるのです。

やっと親に起こしてもらわなくても起きられるようになりました。すると、私が言った通りに成績が上がり始めました。本人もびっくりするやら喜ぶやら。小さなことのように思いますが、これがその子の自立の始まりでした。

朝起きることばかりではなく、いろいろな場面で親に頼ることが少なくなり、自分から進んで行動ができるようになりました。朝一人で起きることがきっかけとなって、どんどんと生活力がついていきました。成績もどんどんと上がっていきました。

私が「五分間のお手伝い」を何度も何度も言うのは、日常生活を正すきっかけにもなるからです。掃除の手伝いをしていると、部屋が乱雑になっていたり、台所が汚れていると、自然に体が動いて、片付けをするようになるのです。そうなれば、まわりがどんどんと変わっていきます。

信頼もされるし、頼りにもされるし、評価もされるようになります。そうなれば、営業成績も上がると思いませんか。就活もうまくいくと思いませんか。勉強だって、向き合う姿勢が違ってきますから、知らないうちに成績が上がります。

悩みがあったら、まずは日常生活を見直すことです。早起きをしてみる、掃除をする、大声であいさつをする。ちょっと工夫してみてください。

自分が主体となって進めていくと潜在能力が開花する

私は子どもたちに対して、こんなことをよく言っています。

「きみの中には、友だちもお父さんもお母さんも、きみ自身さえ知らないパワーが眠っているかもしれないよ。これを**潜在能力と言いますが、それはきみの中に眠っている力だから、きみだけが、そのパワーを掘り起こすことができるんだよ**」

これは、勉強への意欲をもってもらうための小さな暗示ですが、それだけではなく、自立心への誘いでもあるのです。自分の力でやり遂げるという意志を育てるのです。

続けて私は言います。

「お父さんやお母さんに頼ると、自分の力は出てきません。暗記ができなかったら、参考書、教科書、辞書、プリント、何を見てもいいんだよ。先生に聞いたっていい。先生に頼るのではなく、先生を利用することです」

やらされているのではなく、自分から進んで勉強したいと思うようになり、**人に頼るのではなく自分が主体となって勉強を進めていくと、眠っているパワーが目覚めます**。思ってもみなかった結果が出ることがあります。

目標をもつことも大切です。私はできるだけ大きな目標をもつように言います。しかし、それを必ず達成しないといけないというプレッシャーは横に置いておきます。目の前のことを一つひとつクリアしながら、楽しんで目標に向かっていくことが大切です。

目標を立てたら達成しないといけないというプレッシャーは、人を委縮させて、潜在的な能力がなかなか発揮できなくなってしまいます。**勉強でも何でも、楽しいと思ってやらないと、眠っているパワーは目覚めません**。

そして、親や友だちとも、潜在能力の話をどんどんとすることです。

「だれもがとんでもない潜在能力をもっているんだって。楽しみながらやっていると、その能力が目を覚まして、信じられないようなことができてしまうんだって。面白いよね」

そんな話をしていると、自分でもその気になってきます。ちょっとしたいいことがあれば、「潜在能力が目を覚ました」と大喜びすればいいのです。勉強をする楽しみというより、自分の潜在能力を目覚めさせることに楽しみをもつようになります。

そうすれば、勉強だけでなく、どんなことにも積極的に取り組めるようになり、自信がもてるようになり、毎日がもっと楽しくなって、ますます隠れた能力を刺激して目覚めさせることになります。

拍手で、ファイトが湧いてきて前向きになれる

日本教育学院では、夏に高原で合宿をしています。都会を離れた環境が刺激となり、勉強の成果が倍加します。私たちスタッフが苦労するのは参加者の人数が多いことです。何百人という大人数が参加しますので、みんなの心を一つにして目標に向かわせるかというのは、なかなか大変なものです。

あるとき、思いつきで参加者全員に一斉に拍手をさせました。想像を超えた盛り上がりがありました。壮観でした。**無心に手を叩くのは心が落ち着くものです。**イライラや緊張

感が溶けていきます。**心が開き、リラックスしていきます。頭の回転も良くなり、前向きの気持ちが出てきます。**

大人数が集まるので、どうしても対人関係でギスギスすることもありました。しかし、拍手を取り入れて以来、いさかいもケンカも少なくなりました。勉強にも集中できるようになりました。

手を叩くというのは人間の素朴な感情表現です。踊ったり歌ったりすることよりも、もっと原初的で素朴な表現です。言葉が生まれる前から手を叩くという表現手段はあったのではないでしょうか。神社でお祈りをするときにパンパンと柏手《かしわで》を打ちますが、あれも一種の拍手です。

拍手というのは、ポジティブな感情のときに出てくるものです。「ようこそいらっしゃいました!」「おめでとう!」「すごい!」「ありがとうございました!」という気持ちがこもっています。祝福、激励、称賛、歓迎、共感、感謝、慰労、決意、期待などなど、拍手にはさまざまな意味がこめられています。

落ち込んでいても、拍手をしたり、もらったりすると、気持ちが高揚してきて、元気が出てきます。うれしくなってきます。

私は、**拍手をされて育った子どもは、人間性、学力ともに、良い方向に伸びていくことを、体験で知りました。**ですから、事あるごとに子どもたちに拍手を送るようにしています。人が集まる場では、みんなで拍手をするようにしています。集まったみんなが幸せな気持ちになれます。最初は、照れたり恥ずかしがっていたり、嫌々ながらの人もいますが、拍手をしているうちに、笑顔になってきて、夢中になって手を叩き始めます。

落ち込んだり悩んだり、壁にぶち当たったときには、自分に向けて拍手をしてみてください。ファイトが湧いてきて前向きになれることを請け負います。

学ぶことは心に誠実を刻み、教えることは希望を語ること

子どもたちに知識を詰め込んでやることに汲々としていたある時期、私は一人の人生の先輩から、「学ぶこと」の大切さと「教えること」の喜びを教えられました。その言葉に

私は感動しました。今でも折に触れていろいろなところで話しています。

学ぶということは
心に誠実を刻むことであり
教えるということは
希望を語ることである

学びというのは知識を詰め込むことではありません。勉強し、努力してもそれに見合った効果が出ないことがあります。悔しいし残念だし、どうしてだろうとがっかりとしてしまいます。しかし、結果が出なくても、一所懸命に努力した事実は消えるものではありません。ひたむきに謙虚に取り組んだ、そのことが、結果はどうであれ、自分自身の心の中に確実に「誠実」を刻み込んでいるのです。

成績が上がったとか○○大学に合格したとか、私たち塾にとっては生徒を集めるための生命線ではありますが、そこにばかり目を向けてしまうと、本当の学びは得られないと、私は考えています。

本当の学びができた人は、仮に学力があまり上がらなかったとしても、確実に人間力はアップしています。大学受験は失敗したけれども、とても社会に役立つような仕事ができたという人はたくさんいます。そういう人たちは、誠実を心に刻んだ人たちだと、私は思っています。

もうひとつが希望です。私たち教師は希望を語れないといけません。自分たちも自分の人生に、教え子たちに希望をもつことです。人生をあきらめたり、投げやりになったり、成長を望まないような人は教師としては失格です。

チャンスがあったら、学校の先生にでも塾の先生でも、「先生の希望は何ですか?」と質問してみてください。

「私にはこういう希望がある」とはっきりと言える人に教えてもらっているならとても幸せです。夢や志や希望について、本気になって語り合ってくれる人です。人生の先輩としていいアドバイスをくれるでしょう。

私はいくつになっても、希望を語れる教師でありたいと思っています。**希望こそ、私た**

ちが輝きを取り戻すための灯台だと私は考えています。

勉強ができることはプラスアルファの要素

第一章でお話ししたように、**私たちは全員、勉強ができようができまいが、学歴がどうであれ、どこの大学を出ようが、どんな仕事をしていようが、障がいがあるなしにかかわらず、すばらしい人なのです。**これは、絶対にぶれてはいけないことです。

私は塾を経営しています。塾は、まずは勉強をするところです。勉強とか進学という要素は外せません。

私の目標はみんなに自分のすばらしさを知ってもらうことですが、プラスアルファとして、勉強ができてもいいじゃないか、そのためにはどうしたらいいかというお話をしました。しかし、**勉強ができるようになってすばらしさがくもってしまっては困ります。**

あくまでも、すばらしい人でありながら勉強ができるにはどうしたらいいかという視点でお話ししたつもりです。

勉強ができることで失うものなど、本当はないのですが、勉強ができることが一番になってしまうと、ほかのことに目が向かなくなって、ただ成績がいいとかいい大学へ入ったというだけのことで、慢心したり、傲慢になってしまったりしてしまいます。

自分がすばらしい人であるのは、勉強とは関係ないのに、勉強ができるからすばらしいと勘違いしてしまいます。そういう子は、進学してまわりが優秀な子ばかりで、自分の成績が落ちてしまうと、途端に自分のすばらしさを否定してしまいます。

あくまでも、勉強ができるということは、すばらしい人であるという基礎部分にトッピングされるものです。すばらしい人というのはピザで言えば生地です。それだけでも食べられますが、そこにトマトやチーズ、ベーコン、タマネギ、エビなどがトッピングされていた方がよりおいしくなります。

勉強ができるとかスポーツが得意とか芸術に秀でているというのは、人生をよりおいしくするためのものです。生地である自分のすばらしさを忘れてしまっては、いくらおいしいチーズやエビをそろえても、ピザにはなりません。人間として不完全なのです。

だれもがすばらしい人間なのです。そのことを知った上で、勉強もできたらもっといいと私は思って、塾をやっています。そのためには、さまざまな工夫をしています。ピンクのシャツを着て、いじめの撲滅を訴えているのもそのひとつです。勉強はできてもだれかをいじめているというのでは意味がありません。

子どもたちは、スポンジのようにいろいろなことを学んでくれます。勉強はとても大事です。でも、そこで終わってしまってはつまらない。子どもたちはもっと大きな可能性を秘めています。

第四章

ウソみたいに勉強が好きになってしまう、この方法

親と子の生活力を高め学習意欲を向上させる

「学力」と「生活力」とは密接な関係があります。生活力があるというのは経済力と同じように思われてしまいますが、私が言う**生活力というのは、人間として生きる力と言ってもいいと思います。きちんと生きられるかどうかです。**

たとえば、自堕落な生き方をしている人は生活力が高いとは言えません。お手伝いをしない、やるべきことをさぼる、意地悪をする、落ち着きがない、反抗ばかりしている、乱暴、自分のことしか考えない……そういう人は生活力のない人だと言っていいでしょう。

そういう範疇に入る子どもは学力も高まっていきません。

この章の後に紹介していますが、私は「ほほえみ診断」という生活面のテストをします。子どもだけでなく保護者にもやってもらいます。そして、親と子の生活力の程度を判定し、それによって勉強方法と意識や生活を変えて、学力を向上させるようにしています。

どうして子どもの学力に保護者の生活力が関係するのだという疑問をもつ方もいます。何度もお話ししましたが、親の生活の仕方や子どもへの態度は、子どもの学力に大きな影響を与えるからです。ほめられ感謝される子どもは学力が上がります。逆に、いつもけなされていて、親から「ありがとう」と言われたことのない子の学力は残念ながら低空飛行なのです。

勉強の方法はとても大切です。しかし、それ以上に子どもを取り巻く環境はもっと重要です。

診断の結果を見ていると、親と子はプラス面、マイナス面を共有していることがわかります。このことは、とても興味深いし、教育のあり方について考えさせられてしまいます。

いくら子どもの尻を叩いても、いい教材を与えても、先生ががんばっても、親の生活力がないと子どもの生活力も高まらないし、学力も上がっていきません。子どもの学力を上げようと思ったら、親も一緒に変わっていく必要があります。

この診断によって親と子の「生活力」を判定し、生活力を高めるように指導し、学習意欲を向上させ、勉強を能率的に、楽しくできるように指導しています。

生活力については、前章までと、第五章を読んでいただけるとわかるでしょう。本章では、具体的な勉強の仕方をお伝えしたいと思います。

従来の方法では勉強嫌いになる

生活力の改善を指導法に取り入れてからは、短期間で学習成果が上がるようになりました。この学習法を「パワー学習」と呼んでいます。子どもに現れる成果は早い例で二カ月、遅くても六カ月で成績に違いが出てきます。

子どもの尻を叩いて知識を詰め込む指導では、これほどの結果は出ません。勉強は嫌になったらおしまいです。いかに楽しくできるか。楽しいだけでなく、楽しくやりながらも成績が上がるように指導しないといけません。それが教師の力量です。

パワー学習とはどういうものか、基本的なことを紹介しておきます。自分で勉強するときも、これをヒントにしてください。もし、教師の方が読んでくださっているなら、ぜひ、指導の参考にしてください。

まずは、これまでどんなふうに指導が行われていたかということから見ていきましょう。

●従来の方法

1. 練習問題を与える
2. 答案用紙を回収する
3. 解答の仕方と答えを明らかにする

この方法だと、問題がわからなければ、答案用紙は白紙になるか、間違った答えを書いてバッテンをもらうことになります。そこで、教師は解答の仕方を教え、ただ、いい答えだけを明らかにします。

その上で、なぜ間違ったかを検討します。「次は間違えないように」と反省材料を生徒に突き付け、よく覚えておきなさいと指導します。

そんなの当然じゃないかという人も多いでしょう。そうです。これが教育の現場で行われているオーソドックスな教育法です。

しかし、こういうやり方だったから、多くの子どもたちが勉強嫌いになったとも言えます。たとえて言うなら、真っ暗な道に連れて行かれて、一人で進んでいけと言われるようなものです。そして、溝に落ちたり、石につまづいて転んだりしたら、この道は狭いのだから溝に落ちないように気をつけないといけないぞ、大きな石もあるのだから注意しろ、そう言われているようなものです。

そんなこと、あとから言われても困ります。もうそんな暗い道には絶対に行かないぞと思いますよ。テスト問題が配られた途端、生徒たちは「はーっ」とため息をつくのです。

解き方を覚えてしまうからやる気が出る「パワー学習法」

パワー学習法では従来のオーソドックスな方法とは逆の道筋をたどります。

●パワー学習の方法

1．正解を見て、問題の解き方を研究する

2. 次に問題集にチャレンジ

3. 自己採点して正解、誤解を確認

初めてやる問題に関しては、解答を見て、これはどうやって解けばいいのか、教師と一緒に研究します。因数分解ならこうやってやればいいと、まずは**解き方を覚えてしまいます。**その上で、問題集の問題に取り組みます。

やり方はすでにわかっていますから、ほとんどできてしまいます。**できなければ、また解答を見てやり直します。**ああそうか、こうやればいいんだと、何度もやれば確実に覚えられます。

先ほどの真っ暗な中の道で言うなら、明るいうちにどういう道かを見て覚えてしまいます。最初はずっと真っ直ぐだから大丈夫だと歩き始めます。このあたりから曲がっていたぞと記憶していたら歩きを緩めます。ちょっと危険だと思ったらライトを照らしてもらいます。それだったら安心して歩けます。二回、三回とそうやって歩いていれば、そのうちに真っ暗な中でもすいすいと歩いていけるようになります。

真っ暗な中を歩いていけるというのは楽しいものです。これならできると思えます。そうすると、次の道にもチャレンジしようと思えるのです。

最初に答えを見て解き方を覚えるという話をすると、父兄の中には「そんなのカンニングじゃないですか」と言う人もいます。

しかし、ちょっと待ってください。よく武道や茶道や芸術で「守・破・離」という考え方があります。守というのは、師匠や流派のやり方を真似して身に付けることです。破で、ほかの流派や教え方を学び、良いものは取り入れ技術を高めます。最後に、離で、自分独自のものを作り上げて流派から離れます。

まずは、真似ることから始めます。まさに、カンニングです。何もわからない時点で答えが出せるはずがありません。まずは真似ること。**それが答えをみて、ああこうやれば解けるんだと研究することです。**

仕事でも同じです。入社してすぐに、何も教えてもらえずに、すぐに営業に出ろと言われても、どこへ行ってどんなふうに売り込めばいいか、さっぱりわかりません。先輩に付いて行って、どんなやり方で営業をするのか見せてもらって、そこから自分一人で動けるようになります。それと同じことを勉強でやっているだけのことです。

ほぼ一〇〇％の効果があるパワー学習のポイント

まずは解き方を研究するというのをベースに、パワー学習では次のように勉強を進めていきます。

（1）**わからない問題は、ただ考えているのではなく、辞書や参考書で調べます。**

（2）**それでもわからなかったら、飛ばして次の問題にチャレンジします。**次の問題を手掛けているうちに、前の問題が自然に理解できることがあります。次の問題にヒントが隠されていることもあるのです。

（3）**先生に質問して、問題解決のヒントをもらいます。**

（4）**全部理解できないからといって落ち込む必要はありません。**わかったところまでで完了し、後日、わからないところを埋めていきましょう。

（5）自己採点をして、わからないところや間違ったところを研究します。

（6）家庭での学習法は「一五分だけやろう」と決心して取り組みます。もっとやりたければやってもいいのですが、勉強が嫌いになる前にやめてください。楽しいと思える段階でやめると、翌日も抵抗なく机に座ることができます。

（7）単元学習の実力がついてきたら、指定のテキストで単元学習で学んだ範囲に印をつけて、解ける問題、解けない問題をチェックします。

（8）さらに別の問題集で同様のチェックをします。そして、解けない問題だけを参考書で調べたり、先生の協力で研究します。

（9）パワー学習の締めくくりのつもりでオープンテストを受けてもらいます。さらに公開模擬試験などにもチャレンジしてみて、自分の理解度を確認します。できなかった問題を先生に報告してもらい、その問題を完全にわかるように研究します。**テストは自分の実力の判定ではなく、間違い発見のためのチャンスです。**そのときの得点よりも、その後の勉強の補強と考えることが大切なことです。

どうでしょうか。やらなければならないというプレッシャーを感じないと思います。気楽に楽しみながらできる勉強法です。それでいて、このやり方をやれば、ほぼ一〇〇％の効果が出ます。もちろん、生活改善をしながらという条件はつきますが。

闇雲に暗記したり、問題集に取り組んでも学力は上がりません。きちんと順序立ててやっていけば、簡単に上がってしまうものなのです。

反復学習で学力がアップする

どんなことでも最初はうまくいかなかったり速くできなかったりします。大好きなゲームでも、最初は間違いが多くて点数も上がっていかないのに、何度もやっているうちにだんだんと速くなり得点も高くなります。

勉強も同じです。**どれだけ反復練習をしたかにかかっています。**

絵が上手な人は、ふだんから絵を描いています。ピアノが上手な人は新しい曲を弾くときには何度も何度も練習をします。絵やピアノで賞をとった人を見ると、あの人は才能があるからと言ってしまいますが、もちろん才能はあるとしても、それよりも日々の練習がきちんと答えを出してくれたのです。

もし、彼らのことをうらやましく思うなら、彼らが毎日、どれくらい練習をしているかを教えてもらってください。もちろん、スタートが遅い分、彼らに追いつくことは無理かもしれませんが、同じだけ練習をしたなら、かなりのレベルまで上達できるはずです。

勉強ができる人を見ると、ついつい「あの子は頭がいいから」と言ってしまいがちです。それも絵やピアノの才能と同じです。**もちろん頭の良し悪しはあります。しかし、それですべては決まりません。どれだけ、どんなふうに勉強をしたかで決まるのです。**

東大に合格するにはそれだけの学習量が必要です。合格するだけの学習量をこなせばだれでも合格できるのです。高校の三年間、浪人期間を含めても四年とか五年でそれだけの学習量をこなすのは大変なことです。普通以上の努力が必要になってきます。それができるかどうかが合格不合格の別れ道になります。

もし、東大に合格したければ、自分は頭がいいとか悪いとか考えずに、コツコツと反復して勉強をすることです。それしかありません。**東大に合格するためには何が必要かと聞かれたら、私は、「努力し続ける才能」だと答えます。**

その努力が嫌だったら、東大を目指すのはやめましょう。別に東大へ行かなくてもいくらでも道はあります。中には、勉強に対して努力する才能はなくても、物作りに対しては異常に執念を燃やして、寝る間も惜しんで作業をする子もいます。そういう子は、物作りに没頭できる才能があって、そちらの方面で花開く子です。そういう子に、勉強して東大に合格しろというのは、松の木に、杉のようにまっすぐ伸びろというようなものです。

とにかく、努力し続けること。それが何事においても上達するための唯一の道です。

勉強することで集中力を鍛える

集中力の大切さは先にも述べましたが、勉強でもスポーツでも仕事でも、これほど重要なものはありませんので、ここでも取り上げます。

集中力というのは鍛えるしかありません。反復練習をすることで集中力も高まっていきます。

たとえば大リーグのイチロー選手。彼のバッターボックスでの集中力は半端ではありません。時速一五〇キロもの剛速球を打ち返すのです。変化球もあります。どんなコースにどんな球種のボールがくるかわかりません。瞬時に判断してバットに当てます。当てるだけではダメです。ヒットになるコースに打たないといけません。それを一〇〇回やれば三〇回以上成功させるというのですから、ただものではありません。

イチロー選手は自主トレやキャンプのときには、ピッチングマシンを相手に、三時間〜

四時間、黙々と打ち続けるそうです。それも漫然と打っているわけではありません。一回一回、テーマと目標をもってバットを振っています。たとえば、レフトへ流し打ちをするというテーマでバッターボックスに立って、納得できるまで打ち続けるのでしょう。一つの目標をもって、そこに焦点を当てて練習をする。これは、バッティングの練習であるけれども、同時に集中力を鍛えているのだと、私は思います。

イチロー選手は野球の選手ですから、野球の練習で集中力を鍛えます。そして、試合でバッターボックスに立ったときには、想像できないほどの集中力を発揮して、カキーンとヒットを打つのです。

本を集中して読めないという人がいます。どうすれば本が読めるようになるか。本を読み続けることです。どんな本でもいいから最初から最後まで読み切る。わからなくてもいい。そうすると、いつの間にか、本を読めるような脳になります。本を読む楽しさがわかって、難しい本でも理解できるようになります。わかってもわからなくても、面白くても面白くなくても、読み続けることが集中して本を読むコツなのです。

受験生は勉強することで集中力を鍛えます。一五分はほかのことは考えないで勉強に集

中するという習慣をつけてしまいます。そうすると、一五分の集中が三〇分に伸び、一時間に伸びと、集中力がついていきます。イチロー選手のように、この一五分はこの勉強をしようとテーマを決めると、もっと効果は高くなるでしょう。

集中して勉強ができるようになると、当然のことながら成績は上がります。成績が上がれば、勉強への意欲も高まっていきます。そうやって、どんどんと学力も上がっていきます。

やるときはやる、休むときは休むのメリハリをつける

もう一度イチロー選手の話ですが、彼は自主トレとかキャンプのときは、何時間も打ち込みをします。しかし、シーズンに入ると、イチロー選手の練習量は激減するそうです。

それはどうしてか？　長いシーズン、集中力を切らさず乗り切るためです。シーズンに入ってからも、キャンプのときのように激しい練習をしていると、肉体的にも精神的に疲

れが出てきます。そうすると、集中力が散漫になってしまって、いいプレーができなくなってしまうのです。

勉強も同じです。**学習量が成績に直結するのは間違いありません。しかし、毎日睡眠時間を三時間くらいしかとらずに勉強をしていたとします。学習量はそれで満たすことができるかもしれません。しかし、体がクタクタになって、心も折れそうになってしまえば、いくら成績が上がっても、受験の本番でダウンしてしまうこともあります。集中力が途切れてしまったりもします。それでは意味がありません。**

マラソンでも、四二・一九五キロを走り切るためのペースを考えて走ります。暑いときにはペースを落としますし、ずっと同じ速さで走るのでなく、息抜きをするところもあるのだと思います。とにかくいくら途中まで世界記録のペースで走っても、ゴールしなければ意味がありません。評価されるのは、ゴールしたときの順位であり、タイムなのです。

メリハリをつけることが大切です。たとえばの話です。受験をする年の年初、一年の計画を立てます。寒い冬から春にかけて徐々にペースを上げていきます。志望校も決めましょう。夏前まではハイペースで進めていき、夏休みに入ったら、勉強のことを忘れて三日ほど旅行をしたりして休息をとり、エネルギーを充電して、夏期講習で一気にペースを上げて……。そんな感じで一年を乗り切るにはどうしたらいいか、作戦を練るといいのではないでしょうか。

それと、**一番の集中力を発揮しなければならないのは受験の本番です。テストのときに最高の集中力を発揮するにはどうしたらいいかを、模擬テストなどを利用して、自分なりのリズムを会得しておくといいでしょう。**

一日のリズムも必要です。いつもは夜型でも、試験の少し前からは朝型に変えていくとか、そんな工夫も大切です。

やるときにはやる。休むときには休む。メリハリをつけることも集中力は高めるには大切なことです。

勉強嫌いの人は、そのまま続けないで。もっといい方法がある

「勉強が楽しい」と考えている人たちは勉強がよくできます。楽しいから時間がたつのも忘れて夢中になって勉強するから成績も上がります。その上、勉強が楽しいと思えると、好奇心が膨らんできて、もっと調べてみたくなります。先生に質問したりして知識がどんどんと増えていきます。

同時に、自分から進んで学ぶというのは、集中力、理解力、想像力のアップにもつながります。人間的な魅力も大きくなって、その人がもともともっているすばらしさが表に出てきます。

反対に「勉強が嫌だ」「勉強はつらい」と思っている人は、勉強が苦手です。成績も伸びません。それも当然のことで、嫌いな勉強を夢中になってやる人はいません。やらなきゃと思って始めてもすぐにあきてしまいます。野球が嫌いな人は練習もしないし野球が上

手になるはずがありません。それと同じです。

勉強の嫌いな人に言いたい。勉強をしないでください。

びっくりされたかもしれません。そんなことを言う塾の先生などいませんから。だけど、勉強が嫌いなまま勉強を続けたら、必ずもっと勉強が嫌いになってしまいます。一生、勉強なんか嫌いだと思って生きていくことになります。

勉強というのは受験のためにあるわけではありません。自分のすばらしさを発見したり、表現するためにするものです。勉強が嫌いになってしまえば、どんどんと自分のすばらしさから遠ざかってしまうのです。そんなもったいないことはありません。

小学校に入ったころを思い出してください。勉強は楽しいものだったのではないでしょうか。本来、新しいことを覚えるのが楽しくて仕方ないことだからです。漢字が読めるようになり、難しい足し算や掛け算ができるようになります。小学校へ入ったばかりの子にとっては快感です。

しかし、どこかで狂ってきた。勉強が窮屈で面白くないものになってきたのです。理由としては内容が難しくなって理解できなくなってきたというのがあげられます。わからな

いお前が悪いじゃないかと言われそうですが、教え方もあります。学校の雰囲気もありま
す。

日本教育学院にも勉強嫌いの子はたくさん来ます。でも、しばらく通ううちに、あれっと思い始めます。勉強って面白いことに気づくのです。パワー学習をはじめとして、勉強が楽しくなる方法がたくさんあるし、塾の雰囲気が明るくて楽しいからです。

勉強嫌いの人は、そのまま続けるのではなく、方向転換が必要です。

脳が活性化するアルファ波を強く出す言葉、考え方、生き方

脳が気持ち良くなるとアルファ波が出ます。そして、脳が活性化し、集中力、理解力、想像力が高まります。勉強をするときには、アルファ波がたくさん出る脳にしておくと、効率が驚くほど高まります。逆に、脳が不快さを感じているようだと、長時間勉強してもあまり結果が出ないということにもなります。

どんな言葉を発し、どういう考え方をすればアルファ波が出るか、百瀬昭次先生（百瀬創造研究所）の本から引用します。百瀬先生も、私が出会ったすばらしい人々の仲間です。

□できる、すばらしい、やさしい
□自信がある、大丈夫、合格する
□落ち着き、冷静
□順調にいく
□どんどんよくなる
□満ち足りている、愉快だ
□楽しい、うれしい
□明るい、ほがらか、さわやか
□豊か、安心、充実
□元気、丈夫、強い
□きれい、かわいい、うつくしい
□愛する、うやまう、仲良くする

□　認める、尊敬、大切
□　利口、さすが、頭がよい
□　みずみずしい、光、輝く
□　希望、夢、幸福、生きる

自分の考え方や生き方と合うものをチェックしてみてください。数が多ければ多いほど、アルファ波がたくさん出て、脳が活性化します。

人と話をするときには、ここにあげた言葉をなるべく使ってください。「十二番目の天使」のティモシー少年みたいに、「どんどんよくなる」を口癖にするのもいいでしょう。物のとらえ方、行動の仕方も、この項目を参考にしてください。

アルファ波が出なくなる言葉、考え方、生き方

逆に、アルファ波が出なくなって、脳の元気がなくなってしまうような言葉や生き方を紹介します。

□ できない、ダメ、むずかしい
□ 自信がない、あぶない、すべる
□ あせる、あわてる
□ うまくいかない
□ どんどん悪くなる
□ イライラする、腹が立つ
□ 苦しい、つらい、悲しい
□ 暗い、憂うつ、うじうじ

□　貧しい、不安、心配
□　病気、弱い
□　汚い、みにくい、ブス
□　嫌う、憎む、恨む
□　冷たい、意地悪い、いじめる
□　見下げる、軽べつ、劣等感
□　ばか、まぬけ、あほう
□　灰色、闇
□　失望、絶望、不幸、死

どうでしょうか。よく使う言葉とか、こういうことを考えたり、行動する傾向にあるなと思うものにチェックしてください。チェックが多いと、勉強の能率は上がりません。なるべく、こういう言葉を使ったり、そういうものの考え方、行動をやめるようにしてください。

たとえば、人に対して「バカ、お前なんか死んでしまえ」と言ったとします。言われた瞬間に、相手の脳は閉じてしまいます。アルファ波が出ない状態になってしまうのです。同時に、自分の脳も閉じてしまいます。**人に言ったこと、人に対してやったことは必ず自分に返ってきます。**だから、人に親切にすること、人に感謝すること、思いやりのある言葉を発するのが大切なのです。

やった方がいいことを一五分やる。これで確実に成績アップ

「またか」と言われそうですが、何度でも言うだけの価値のあることですので、もう一度繰り返します。

「一五分のがまん」

やってはいけないことをやる。やらなければならないことをサボる。やった方がよいことをやらない。これでは学力は上がりません。

やってはいけないことを一五分がまんする。やらなければならないことを一五分やる。やった方がよいことを一五分やる。これをすると、必ず学力は上がります。

人生の成否は一五分にかかっています。だからこそ、私は何度も何度も繰り返してこのことを言うのです。

世の中には、「汚い、くさい、面倒だ、だからやりたくない、でもしなければならない」ことがたくさんあります。それをがまんしてやり遂げてこそ、成功することができます。しかし、無理してのがまんは続きませんし、ストレスになって逆効果になります。がまんばかりしていると脳もやる気をなくしてしまいます。

だから一五分なのです。一五分間なら、たいていのことはがまんできます。おやつが食べたいと思っても一五分ならがまんできるはずです。一五分たったら食べられるのですから、それを楽しみに勉強に集中すればいいのです。

しかし、一五分のがまんを一日とか二日だけやったからと言って、すぐに結果が出るわけではありません。**一五分のがまんをするうち、だんだんと一五分だけはひとつのことに集中できる癖がつきます。そうなったらしめたものです。一気に成績が上がってきます。**

最初はタイマーを一五分にセットして、ピッピッピと鳴るまでタイマーを見ないで勉強をします。特に、苦手な科目をやるときには、「一五分なんだから」と言い聞かせてやると、いつの間にかできるようになってしまいます。漢字の嫌いな人。毎日一時間やれと言われたら「えーっ」となるでしょうが、一五分ならやれそうな気がするのではないでしょうか。やれそうだと思ったら、今日から始めてください。そして、続けることです。

漢字も覚えられますが、それ以上に、**挑戦する力、忍耐する力、継続する力がつきます。**これは、大学へ入っても社会人になっても、とても役に立つ力です。苦手な漢字が克服できた上に、社会で生きて行く力まで身に付くのですから、一石二鳥です。何度も繰り返して言っていることですから、ここまで読み進めてくださった方は、必ず実行すると信じています。

できない理由が頭に浮かび出したら、そこで切り上げる

勉強ができなくしているもっとも大きな原因は「できない理由を見つけ出そうとする癖」です。

「せっかく勉強をやろうと思ったのに、ＨＢの鉛筆しかない。ぼくは、Ｂでないと嫌なんだ。だからやらない」

「寒い。こんな寒いのにストーブがないなんて、勉強に集中できるはずがないだろ」

とにかく、勉強をしなくてすむ理由を探そうとします。できない理由はいくらでも見つかります。

「自分は勉強には向いていない」

「親にうるさく言われてやるのは嫌だ」

「参考書がない」

「頭が痛い」

そんな状態で勉強をしても、勉強しようという気力も意欲もないわけですから、能率が上がるはずがありません。

できない理由を探す癖は、大人になってもなくなりません。仕事ができない人は、だいたいができない理由を探してサボったり言い訳したりしています。子どものときからそういう思考パターンが出来上がってしまっているからです。こういう癖は、早いうちに矯正した方がいいでしょう。

もし、自分ができない理由を探している傾向にあるなと思ったら、勉強のやり方を変えてみてください。そのままずるずると同じ方法でやっていても、時間の無駄遣いになるだけです。

できない理由が頭に浮かび出したら、そこで勉強を切り上げます。そしてもう一度、準備運動から始めます。勉強の準備運動というのは、これまでも言ってきましたが、脳波がアルファ波になるようにすることです。自分を心地よくすることです。準備運動ですから、そんなに時間はかけません。

五分間のお手伝いをやってみる。身のまわりを五分間で片付ける。あこがれの芸能人やスポーツ選手のポスターをながめる。目をつむって深呼吸を繰り返す。テストでいい点を取ってほめられているところをイメージする。

その上で、一五分間がんばってみます。それを繰り返します。言い訳は出なくなってきます。できない理由を探すという悪癖とはおさらばすることができます。

どんなことも習慣化すると楽しくなる

ここでお話ししていることは、**単に勉強ができるようになるばかりではなく、人間力をつけるトレーニングにもなっていますので、将来にも確実に役立ちます。**

ある六〇代の女性は、私の話を聞いて、とにかく毎日続けることが大事だと思い、それをゴルフで試してみました。天気が悪くても、多少体調が悪くても、できない理由を探さず、とにかく練習場へ行きました。打つ元気がないときには、クラブを握るだけで帰ってきたこともあったそうです。

ゴルフはすぐに上達するものではありません。うまくいかずにイライラしたり、腹が立ったり、落ち込んだりすることもあります。それでも、とにかく一年は続けると決めて、練習場へ通いました。

最初は、「よし、行くぞ」と気合を入れて家を出ていましたが、しばらく続けていると、それが毎朝の習慣になり、気合を入れなくても、体が勝手にゴルフ練習場に向かうようになりました。そうなったときに、急に腕前が上がり、コースに出たら、自分でも信じられないようなスコアが出たそうです。

どんなに面倒くさいことでも、習慣になると楽しみになってきます。習慣になるまでが大変なので、そこは一五分のがまんを続けてみて、習慣になるまではあきらめないと決めることです。

目標を決めるといいでしょう。それも「英語をがんばる」「数学の成績を上げる」「学年で一〇番に入る」といった漠然としたものではなくて、「一〇〇日連続、一日に最低一五分は数学を勉強する」といった、やろうと思ったらできることで、できるだけ具体的なものがいいでしょう。

六〇代の女性は、一年間という期限をもうけ、練習場へ行ってゴルフのクラブを握ることを、最低限のノルマとしました。それほど高いハードルではありません。これがよかったのだろうと思います。

続けることで習慣化するということです。それを簡単なことから一つひとつ実現していくと、何かに取り組むときに必ず役に立ちます。社会人になってからの仕事にも応用できます。

ノートにでも書き出してみてください。

「朝は七時に起きる習慣をつくる」
「脱いだパジャマはきちんとたたむ習慣をつくる」
「靴を脱いだらそろえる習慣をつくる」
「制服はきちんとハンガーにかける習慣をつくる」
「毎日、漢字を一〇個覚える習慣をつくる」

と、できそうなことからやってみてください。一つひとつが習慣になれば、自然に学力も上がっていきます。

忘れることを気にしないで、覚えることに集中する

「忘れないようにしよう」「失敗してはいけない」と思うと、体も心も緊張してしまって、余計に覚えられなくなり、失敗も多くなります。

勉強のコツは、忘れることを気にしないで、覚えることに集中することです。忘れることは怖くありません。忘れたらまた覚えればいいだけのことです。

ちょっと覚える練習をしてみましょう。

今から買ってきてほしいものを言います。よく覚えてください。メモはなし。間違ったら責任を取って、足りないものはまた買いに行ってもらうし、間違ったものは取り換えてきてもらいます。

「ジャガイモ、ニンジン、タマネギ、ほたて、タコ、イカ、エビ、カレー粉、かつお節、

ネギ、豆腐、わかめ、カップラーメン、らっきょう。さあ、わかりましたか？　絶対に覚えてくださいよ」

さてどうでしょうか？　すごいプレッシャーです。一所懸命に記憶しようとするのですが、ほたて、タコ、イカあたりで覚えられなくなってきます。これからスーパーへ行くまでに忘れることは確実です。どうしよう。不安になってきて、買わなければならない商品がどんどんと記憶からこぼれ落ちていきます。絶対に覚えてくださいよという最後のひと言も、ぐっと胸を締め付けます。

絶対に覚えろと言われれば言われるほど、忘れたらどうしようという恐怖が広がってしまいます。嫌ですよね、こういうのは。

これが今の教育の現場では、しばしば行われていることです。間違えることを許さないという脅しの中で、脈絡のない押し付け暗記を強要します。このようなやり方では、子どもが心から理解し、覚えるのは無理な話です。やる気もなくなってしまいます。

こんなふうに覚えろと言われたら、大人だって困ってしまうし、「自分で行けよ」と言いたくなってしまいます。

闇雲に暗記を強要するようなやり方では、子どもはどんどんと勉強が嫌いになってしまいます。

勉強をする上で、いろいろなことを覚えることは必要不可欠なものです。しかし、ただ頭から暗記するというのでは、何の面白味もないし、意欲もわかないし、効率も悪くて、結果的に覚えられないということになってしまいます。

どうやったら覚えやすいか、次にご紹介します。

丸暗記ではなく、物語性で記憶する

単に暗記をするのでは、あきてしまいます。覚えられません。私がすすめているのは、**容易に記憶がよみがえるように品物を整理して、いくつかのボックスに分けるというやり方です。**

この例では、一つ目は「カレーを作る」というボックスです。しかも、この材料を見ていると「シーフードカレー」ですね。ただ漠然と商品を並べられるよりも、「シーフードカレーを作るから」という前置きがあれば、頭にすっと入ってくるのではないでしょうか。

「カレー」のボックスには、「カレー粉、ジャガイモ、ニンジン、タマネギ、ほたて、タコ、エビ、らっきょう」が入ります。

次のボックスが「わかめと豆腐のスープ」です。そこには「わかめ、豆腐、かつお節、ネギ」が入ります。残っているのはカップラーメンです。これは「子どもの夜食」というボックスになります。

こういう分類をすると、スムーズに記憶できるのではないでしょうか。

また、ただ暗記するだけよりも、こうした記憶の方法を使うことで、さまざまな応用ができます。たとえば、スーパーへ行ったけれども、らっきょうが売ってなかったとします。丸暗記だと、ないから買わないということになってしまいます。しかし、シーフードカレーに使うためにらっきょうが必要なのだという理解ができていれば、らっきょうがないから福神漬けにしようかと機転をきかすことができるのです。

数学でも、ただ公式だけを丸暗記して試験にのぞむと、ちょっとひねった問題が出されたとたんに撃沈してしまいます。融通がききません。らっきょうを買ってこいと言われたから、らっきょうしかダメだと、売り場でパニックになってしまいます。公式の成り立ちを踏まえて覚えておくと、右から攻められても左からこられても、対処ができるのです。たとえば因数分解にしても、やり方を丸暗記するのではなく、どうして因数分解をするのかということも知っていると、応用の範囲は広がります。

方程式を解くときには、どうしても因数分解が必要になってきます。ただ機械的に解くのではなく、これはこういうことにつながっているんだと知ると、頭の痛くなるような数学でも面白くなってきます。

歴史でも、機械的にある事件の年号を覚えるのは苦痛ですが、その事件の背景やかかわった人たちのドラマを知ると、小説を読むように、面白く歴史が学べるようになります。

英単語や漢字が覚えられる「一個増し学習法」

英単語や漢字も、工夫をすればとても効率的に覚えることができます。

たとえば、一〇個の英単語を覚えようとした場合です。最初の単語を、何度も書いて覚えます。それが覚えられたら次の単語へと進みます。これが普通の方法です。

ところが、だれもが体験していると思いますが、この方法だと一〇個目を覚えたあと、もう一度チェックすると、最初の単語を忘れてしまっていたりします。一〇個ならまだしも、一〇〇個覚えるとなると大変なことです。絶望的になってしまいます。

私がおすすめしているのは「一個増し学習法（累積法）」です。

まず一個目の単語を覚えます。たった一個だからすぐに覚えられます。次に、二個目の単語を覚えて、一個目と二個目の両方の単語が間違いなく書けるかどうかチェックします。さらに三個目の単語を覚え、一個目と二個目と三個目の単語が覚えられたかをチェックします。

チェックしたときに間違ったり覚えられなかった単語があったら、その都度、もう一度その単語の練習をして覚えます。そうやって、一〇個全部をきちんと書けるようになるまで続けます。この方法だと、一個目も二個目も三個目も、何度もチェックすることになるので、知らないうちに覚えてしまいます。

脳というのは、喜びがあればあるほど、成功体験を積めば積むほど、気持ちよい状態になって活性化します。このやり方では進めていくたびに覚えた単語の数が増えていることが確認できます。これも覚えた、これも大丈夫と、脳を気持ちよくさせる効果があるのです。

最初から欲張らないで、まずは一〇個から始めます。一〇個ができたら新しい一〇個の単語に挑戦します。三回やれば三〇個の単語を覚えられます。この方法を使えば、一〇〇個の英単語を覚えることも、それほど大変なことではありません。

一度覚えても忘れることはあります。しかし、脳が気持ちよい状態で覚えたものは、すぐに思い出します。そして、何度も忘れては覚えるを繰り返していると、記憶に固定されて、忘れなくなります。

私は、一個増し学習法をコンピュータでできるようにソフトを開発しました。とても手軽にできます。コンピュータを使ってのこの学習法がどれだけ効果的か、うちの塾の生徒で確認しました。

中学校の一年分の単語は三〇〇語くらいです。それだけの単語を一ヵ月で覚えてしまう子がどんどん出てきました。まったく苦行ではありません。どんどん覚えられますから楽しくて仕方ないのです。

数学が得意になるこの勉強法

数学は子どもたちにとっては嫌われものの代表かもしれません。しかし、それは数学が悪いわけではありません。子どもたちが嫌いになるような教え方が横行しているからです。

文章題をいきなり出されてそれを解けと言われても、そんなのわかるはずもなくて、すぐに投げ出してしまうのも当然のことです。脳は心地よいときによく働きます。心地よくさせないと働いてくれません。難しい問題を突き付けて、役に立つかどうかわからないのに解けと言っても、そんなことのためにエネルギーを使いたくないと、そっぽを向いてしまいます。

脳を心地よくさせるには、「わかった」と思わせることです。わかったと思わせておいて、難しい問題に取り組めば、本来の脳の力を発揮してくれます。

初めて解く問題を目の前に提示しただけでは、脳はやる気を出してくれません。この問題ができるという前向きの気持ちがあってこそ、脳は「よしやるか」と腰を上げてくれます。

そのためには、**問題を読んで意味がわかったら、解き方を見て、「こうやればいいんだ」と理解することから始めます。**こういう手順で解けばいいとわかれば、脳にプログラムをインプットしたようなもので、次は解き方を見なくても正解を出すことができるはずです。

そのあとで、同じような種類の問題にトライしてみてください。シチュエーションや数字がちょっと変わっているだけで、解き方は同じなので、脳は気持ちよく正解に導いてくれます。

ややこしい問題があったら、まずは解き方を覚えてください。ああ、こうすれば答えが出せるんだと思ったとき、脳もうれしくなって、もっとがんばるぞという気になってくれます。

次に類題をやるときには答えは見ません。でも、先の問題と同じようにやれば解けるはずですから、ちょっとは苦労するかもしれませんが、必ず答えを出すことができます。間違っても、答え合せのときに、ここで間違ったのだとわかりますので、次の類題をやったときには、まず正解が出せます。それで、この種類の問題はクリアです。

それを繰り返していけば、数学の問題の解き方の傾向がわかってきます。面白くなってきて、数学嫌い脳が、数学得意脳に変わっていきます。数学は悪ものではありません。やり方ひとつで、すてきな仲間になることができます。

勉強はわかれば楽しくなる

勉強が嫌いだったり、いくら勉強しても成績が上がらないというのは、その子の頭が悪いわけではありません。勉強の仕方に問題がある場合がほとんどです。どんなことでもそうですが、楽しくないことに意欲がわくはずがありません。

なぜ、勉強が楽しくないか。それはわからないからです。やっていることが理解できれば楽しくなるはずです。**わからないことがわかるよろこびはだれもがもっています。わからないことをわかりたいという欲求はだれもがもっているのです。**

どうしたらわかるようになるか。教師も本人も、そのことにもっと意識を向けるべきです。学校の先生は、教え方が決められているので、自分で工夫して授業を組み立てるのは難しい部分があります。その点、塾の先生は比較的自由な立場ですので、ユニークな授業をすることができます。

ですから、塾の先生こそ、だれにでもわかるような指導を追求してもらいたいと願っています。そして、もうひとつが、**子どもたちが自分で工夫することです**。こうやったら英単語を覚えるのが楽だとか、楽しいとか、数学の問題ができるようになると、考える癖をつけるといいでしょう。ものごとにどう対処すればいいか、それは受験だけでなく、将来の仕事にも役立ちます。

たとえば英単語を一〇〇個覚えないといけないとき。一〇個ずつのグループにして、Aチーム対Bチームという形で対戦します。たくさんの正解があったチームが勝ちです。次は勝ったチーム同士、負けたチーム同士で対戦します。そうやっていくと、楽しみながらいつの間にか一〇〇個の単語を覚えてしまうことができます。

勉強は嫌いだけど遊びは好きだという子はいっぱいいます。それなら、**遊び感覚で勉強をしてしまえばいいのです**。丸暗記するとか、難しい問題をいきなり解くとか、そんな遊びはありません。あったとしても、だれにも見向きされません。

人は、楽しいことが一番のモチベーションです。

脳も同じです。楽しいこと、緊急性の高いこと、身近なことに対しては、やる気を出し

て取り組みます。でも、つらいもの、将来のこと、自分とは関係の浅いものについてはやる気を出しません。

「今でしょ」という流行語がありましたが、楽しくて身近なことを、すぐにやらないといけない状況のときに、脳はもっとも活動的になります。そのことを踏まえて、楽しい勉強法を考案していただければと思います。

第五章

〝勉強がつらい〟から〝勉強が楽しい〟に！

――〝ほほえみ診断〟と〝パワー学習〟で親と子が劇的に変わった

親と子の生活力を判定する「ほほえみ診断」

私は、定期的に生徒と保護者に、「ほほえみ診断」というのをやってもらっています。生徒用は四〇項目くらい、保護者用は一五項目くらいで、それぞれの項目を五段階で自己診断してもらいます。それを見れば、その人の「生活力」がどのくらいあるかが判定できます。

それを定期的にやれば、生活力がどう変化したかチェックできて、指導方針も決まってきます。

塾は学力を高めるためのところですが、何度も言っているように、学力は生活力ととても関係が深いものです。そのために、私はお手伝いをすることを奨励したり、ほめたり感謝することの大切さを訴えているのです。

２１５ページからの「ほほえみ診断」の表を見ていただくとわかりますが、それぞれの項目の左側にマイナスの思考や行動、右側にプラスの思考や行動が出ています。

そして、真ん中に１・２・３・４・５と数字が左から右へ並んでいます。左側の「１」はマイナスの最高を表し、「２」はやや弱いマイナス、「３」はまあまあ、「４」はやや弱いプラス、「５」は最高のプラスです。

たとえば、最初の項目は、「勉強は自分には必要がない」と左に書かれていて、右には「勉強は自分に必要である」とあります。

●自分にとって勉強は必要ではないと強く確信していれば、一番左の「１」をマルで囲みます。
●確信ほどではないにしても必要ないと思っていれば「２」、
●必要とも思わないが不必要でもないなら「３」、
●絶対に必要とは思わないけれども必要だろうなと思っているなら「４」、
●絶対に必要だと思うなら「５」にマルをつけます。

保護者も同じように一つひとつの項目を五段階で自己診断します。

これを見れば、子どもの生活態度、親の子どもへの接し方、親子関係など、さまざまなことがわかってきます。それを踏まえて、この子はどんな勉強をすればいいのかを決めます。

この診断によって「生活力」を判定し、生活力を高め、学習意欲を高めさせ勉強を能率的に楽しくもっと楽にできるように指導します。そうすることによって、従来では考えられなかったような結果が得られます。

試しに、次ページのほほえみ診断をコピーして、ときどき家庭でもやってみて、変化をチェックしてください。

ほほえみ診断1（生徒用）

初回用 ＿＿学年 氏名＿＿＿＿＿＿ 提出日 月 日

学習意識	勉強は自分には必要ではない	1・2・3・4・5	勉強は自分に必要である
	勉強がつらい	1・2・3・4・5	勉強が楽しい
	自分の勉強は社会に役立たない	1・2・3・4・5	自分の勉強は社会に役立つ
	勉強しなければならない自分は不幸だ	1・2・3・4・5	勉強できる自分は幸福である
学習習慣	言われないと勉強しない	1・2・3・4・5	すすんで勉強する
	どこが苦手かわからない	1・2・3・4・5	どこが苦手かわかる
	他人に頼る	1・2・3・4・5	辞書・参考書で調べる
	学校の宿題をしない	1・2・3・4・5	宿題をきちんとする
	文字が乱暴である	1・2・3・4・5	ていねいに書く
	月間・週間の目標が決まっていない	1・2・3・4・5	月間・週間の目標が決まっている
学校生活	学校に行くのがつらい	1・2・3・4・5	学校に行くのが楽しい
	クラスの雰囲気が暗い	1・2・3・4・5	クラスの雰囲気が明るい
	授業がわからない	1・2・3・4・5	よくわかる
	授業になっていない（クラス）	1・2・3・4・5	きちんと授業をしている
	授業中にしかられる（あなた）	1・2・3・4・5	授業中にしかられない
学校のテスト	小テストの準備をしない	1・2・3・4・5	きちんと準備して受ける
	小テストの成績が悪い	1・2・3・4・5	小テストの成績が良い
	ノートをとらない	1・2・3・4・5	きちんとノートをとる
	定期テストの準備はしない	1・2・3・4・5	2週間前から準備する
	定期テストの予想問題を解かない	1・2・3・4・5	定期テストの予想問題を解く
	間違ったところを直さない	1・2・3・4・5	間違ったところを直す
	答案は整理されていない	1・2・3・4・5	答案は整理されている

家庭生活	お手伝いをしない	1・2・3・4・5	お手伝いをよくする
	しかられることが多い	1・2・3・4・5	ほめられることが多い
	家族と楽しむ時間が少ない	1・2・3・4・5	家族と楽しむ時間が多い
	テレビを付けっぱなしにしている	1・2・3・4・5	テレビの時間を決めて見る
	朝、起こしてもらう	1・2・3・4・5	ひとりで起きられる
	学校の準備は親がやる	1・2・3・4・5	学校の準備は自分でやる

家庭学習	勉強机はだらしない	1・2・3・4・5	きちんと整理されている
	地図、年表が部屋に貼ってない	1・2・3・4・5	地図、年表が部屋に貼ってある
	志望校等の目標が貼ってない	1・2・3・4・5	志望校等の目標が貼ってある
	机の回りに勉強と関係ないものが多い	1・2・3・4・5	勉強に関係ないものは置かない
	机の回りは親が片づける	1・2・3・4・5	机の回りは自分が片づける

通塾学習	塾に来るのがつらい	1・2・3・4・5	塾に来るのが楽しい
	勉強がわからない	1・2・3・4・5	勉強がよくわかる
	正しくない姿勢で勉強する	1・2・3・4・5	正しい姿勢で勉強する
	乱暴な言葉づかいをする	1・2・3・4・5	丁寧なことばづかいをする

総合	ひとにいじわるをする	1・2・3・4・5	ひとに親切にする
	読む、書くことをいやがる	1・2・3・4・5	読む、書くことが楽しい
	時間を守れない	1・2・3・4・5	時間を守る
	体を動かすことが嫌い	1・2・3・4・5	体を動かすことが好き

ランク	1	2	3	4	5
個数					

塾がない日の勉強時間
得点に関係ありません
10分　30分　60分　90分　120分　程度

生徒の決意　希望

★生徒・保護者が協力してお書き下さい。
★意見が分かれた場合はお子様の意見が優先します。
★診断の結果が悪くても叱らないで下さい。

ほほえみ診断2（保護者用）

＿＿年　生徒氏名＿＿＿＿＿＿

初回　　受講前に記入して下さい　　　　記入日　　　年　　月　　日

育てるのが疲れる	1・2・3・4・5	育てるのが楽しい
新学期の成績は期待が持てない	1・2・3・4・5	新学期の成績は期待が持てる
勉強のことになると気が重い	1・2・3・4・5	勉強のことになると気が楽だ
親子の対話が少ない	1・2・3・4・5	親子の対話が多い
叱ることが多い	1・2・3・4・5	ほめることが多い
「～しなさい」と言わないとやらない	1・2・3・4・5	「した方がよいと思う」と言うだけでやる
「早く～しなさい」と言わないとグズグズしている	1・2・3・4・5	「あわてないで」と注意するだけで良い
言われないと勉強しない	1・2・3・4・5	すすんで勉強する
がっかりすることが多い	1・2・3・4・5	感心することが多い
お手伝いをしない	1・2・3・4・5	よくお手伝いをする
監視しないとなにをするか分からないので不安である	1・2・3・4・5	出来ることは任せておいて安心である
子どもがどこを勉強しているのかわからない	1・2・3・4・5	子どもがどこを勉強しているのかわかる
勉強を家族に頼る	1・2・3・4・5	勉強では手がかからない
しかたなく勉強している	1・2・3・4・5	楽しく勉強している
お子様の志望校、今月の目標、当面の目標がわからない	1・2・3・4・5	お子様の志望校、今月の目標、当面の目標がわかる

お子様への要望・講座への要望等をお書き下さい。

◎不安が自信に変わった　中二生徒

★保護者のコメント

四日間お世話になり、感謝の気持ちでいっぱいです。学習の意欲を無くした子どもに対し、どうすればいいのか途方にくれていました。そんな時に、必ず効果が得られますと言っていただき、勇気が出ました。

第一日目、子どもは受講することに不安そうでした。二日目になりますと、やればできるという自信が出てきたようです。三日目、自分から勉強に意欲を燃やし始めました。四日目には「もっと色々な問題に挑戦してみたい」と言い出しました。大きな心の変化が起きたのがよくわかりました。

不安が自信に変わり、そしてやる気が起きたことはすごい進歩だと思いました。

★武田から一言

この生徒の学習範囲は「式の計算」の「多項式の加減・乗除とその応用」

勉強はつらい	1	[2]	3	④	5	勉強は楽しい
言われないと勉強しない	1	[2]	③	4	5	すすんで勉強する

□初回　○8回目

でした。一番手こずったのは、そのうちの「等式変形」と「整数に関する問題」です。学校では三分の一の生徒は理解できないと思いますが、この生徒はほぼ理解しているはずです。最初の「診断」では〈勉強がつらい〉2でしたが、八日目の再診断では〈勉強は楽しい〉4に変わっていました。

◎目の輝きが増してきた　中二生徒——

★保護者のコメント

興味のあること、好きなことには時間がかかっても、積極的に、また、一生懸命やる子どもなので、いかに勉強に気持ちを向かわせるかを思案しておりました。

成績がどんどん下がっていき、不安にかられていました。そんなときに『パワー学習』のことを知り受講させてみようと思いました。

初めは、子どもの中にどうせやってもだめだろうという気持ちがあったようです。ところが、一日、一日、目の輝きが増し、自分から勉強を進んでです

勉強はつらい	1	[2]	3	4	⑤	勉強は楽しい
言われないと勉強しない	1	2	[3]	4	⑤	すすんで勉強する

□受講前　○受講後

るようになりました。自信も出てきたように思われます。このやる気と自信を掘り起こしてくれた武田学院長に感謝をしております。

★武田から一言

新学期には新鮮な気持ちで授業にのめり込んで行くので、良い成績を取ります。この生徒は、もともと素質を持っていたのですが、勉強に集中できなかったため、成績が落ちていきました。一度下がると、どうして良いかわからずに、絶望的になっていたのですが、講座を受けることで見事に立ち直りました。

受講前の最初の「診断」では「勉強はつらい」の2でしたが、受講後は「勉強は楽しい」の5に変わっていました。また「言わないと勉強しない」の3が、「進んで勉強する」の5に変わっていました。

◎習慣を大きく改善　　中一生徒

★保護者のコメント

「とても楽しかった」と言いながら短期講座を終了いたしました。机の整理、お手伝いもしっかりできるようになりました。意欲的に自分の力でやりとげることが身に付いてきたようです。

★武田から一言

ほほえみ診断	①	②	③	④	⑤
学習前	11	3	12	7	5
5月14日	2	0	9	17	13

勉強はつらい　1　[2]　3　④　5　勉強は楽しい
学校の授業がわからない　[1]　2　3　④　5　よくわかる

①	②	③	④	⑤
14		12	12	

△

大幅に習慣を改善できました。驚異的な変身です。塾に通う度に、明るく、積極的になっていくのがハッキリわかりました。この調子で勉強を楽しんでもらいたいと思います。

「診断」の受講前、受講後のプラス・マイナスの点数が大幅に変わりました。総合点数で、受講前にはマイナスが14あったのに受講後2と減少し、プラスが12だったのに、受講後は30と大幅に増えています。

受講前「勉強はつらい」の2でしたのに、受講後、「勉強は楽しい」4に、また「学校の授業がわからない」1が、「よくわかる」の4に変わりました。

このほほえみ診断によって、学校の内申を当てることができると前述しました。それでは、この生徒の成績を推測してみましょう。

面接時に調査した①と②項目の数値を足します。14になりました。次に④と⑤の項目の数値をたすと12になりました。

③の12はニュートラルと考えて、どこに支点があるかを見ます。すると図のように③の左に支点があることがわかります。

これが内申として出てきます。すなわち3が多くて2もある状態です。

◎いくらやっても飽きない勉強　中一生徒

★本人のコメント

最初嫌だった問題も、やっているうちにおもしろくなってきた。マルがつくたびにとても嬉しくなります。いくらやっても飽きなくなりました。『パワー学習』を受けてとても良かったと思います。

★武田から一言

中学受験を突破した後、急に脱力感に襲われ、勉強も含めて、何をするのもおっくうになる一時期があります。合格という目標に向かってエネルギーを使い果たしたからです。

しかし、人生はこれからです。長期の、大きな目標を立てて新鮮な気持ちでスタートしてください。

親子で数値が違う場合は上のように修正します。

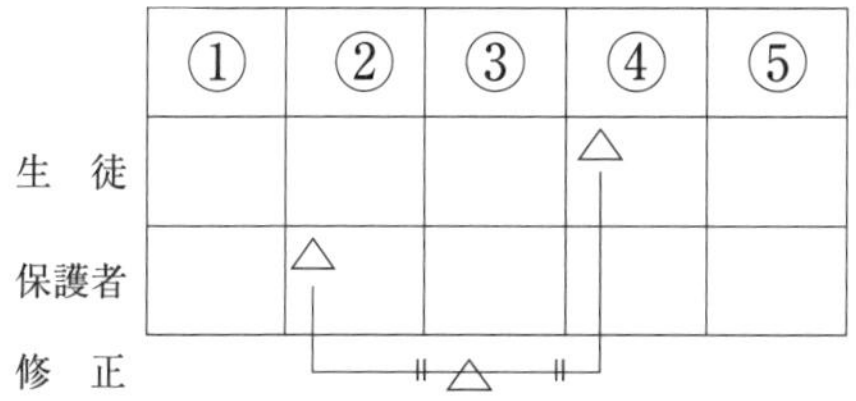

親子の中間点が予想された内申になります

生徒用

ほほえみ診断	①	②	③	④	⑤
受講前	6	5	2	12	12
6月12日	1	1	2	18	19

保護者用

ほほえみ診断	①	②	③	④	⑤
学習前	0	2	6	3	3
6月12日	0	0	5	7	3

◎苦手な数学を克服　中一生徒

生徒用

ほほえみ診断	①	②	③	④	⑤
終了時	1	5	13	14	9

△

保護者

ほほえみ診断	①	②	③	④	⑤
終了時	0	0	7	6	2

△

★保護者のコメント

すごく苦手だった数学を、今では楽しそうに勉強しています。学校でも、クラスのお友だちや先生も、急にできるようになった子どもに、びっくりしているようです。

生活面でも、改善されているように思えます。あるいは、親のほうが、カリカリしなくなったので、子どもの生活の欠点が気にならなくなったのかもしれません。とても家庭の中が平和になりました。

★本人のコメント

方程式を解く時間が速くなった。前は、どうすれば答えを出せるのか、頭の中がまっ白になったが、今では、学校の授業やテストが簡単に思えるようになってきました。

★武田から一言

一学期の中間テストでは、〇点に近い点数だったそうですが、二学期の中間テストでは平均点を上回るようになりました。よく、チャレンジしているようです。数学を楽しんでいる姿が印象的です。上位の点数を取れる日は間もなくと思います。

◎子どもに対する信頼が増した　中一生徒――

★保護者のコメント

私にできることは何かを考えてみました。朝、一人で起きられるようになることが、子どもに力を与えることになるのならと、起こすこと（命令・脅迫・強制）をやめてみました。

意外でしたが、私自身もイライラから開放され、子どもにやさしく接することができるようになりました。子どももまた、時間をみて、適当な時刻に起きて来るようになりました。不思議なことです。これを機会に私自身を改革していけたらと思います。

保護者用

ほほえみ診断	①	②	③	④	⑤
6月23日	0	3	6	2	4
6月28日	0	0	4	7	4

生徒用

ほほえみ診断	①	②	③	④	⑤
6月23日	5	3	13	6	10
6月28日	2	2	6	20	11

学校の授業がわからない	1	[2]	3	④	5
朝、起こしてもらう	[1]	2	3	4	⑤
しかられることが多い	1	[2]	③	4	5
塾に来るのがつらい	1	2	3	4	⑤
塾での勉強がわからない	1	2	3	4	⑤

★本人のコメント

わからないところがなくなりました。勉強が楽しくなりました。

★武田から一言

大きな進歩と思います。一つ一つ順番に、親から子へ信頼を与えていけば、自立心がついて見違えるように成長します。子どもを自慢しないのが日本人の謙譲の美徳とされていますが、それは間違いです。他人の前でどんどん子どもを自慢してください。親の強い信頼で子どもにやる気が生まれ成長していきます。子どもの前で他人に長所を披露してみてください。

子どもは変わった！　生まれ変わった

◎子どもの生きいきとした顔を見る喜び

中三女子生徒の母――

例年より早く咲き始めた桜の花も、不安定な天候に持ちこたえ、今、その命を終わろうとしています。

私にとりまして、今年の桜ほどまぶしく、そして輝いて見えたことはありません。

学校に行くことを拒否していた娘が、武田先生に御縁をいただいて、暗いトンネルから抜け出したからです。桜の美しさも忘れて悩んでいた日々がまるで嘘のようです。

二月の半ば、初めて武田先生にお目にかかった日を、私たち親子は、決して忘れることはないでしょう。

決して親のそばに寄ってこない娘を説き伏せ、やっとの思いで同行し、日本教育学院をお訪ねいたしました。娘は、苦虫を噛み潰した顔でシブシブついて来ました。娘はどんな所へ連れていかれるのか、不安なのでしょう。少しでも気持ちを和らげようとして話しかける私を、反抗的な態度でにらみ返すのでした。

武田先生の前に座っても、最初は、そんな態度はくずれませんでした。しかし、武田先生は、噛んで含めるように、いろいろな例を挙げて娘の心をほぐしていきました。

一時間ほど先生のお話を聞いているうちに、娘の表情が変わってきました。

「数学をやってみる……」

娘が言い出したのにはびっくりしました。

それから一時間、娘は教室で数学を勉強して私の所に戻ってきました。数学をやり終えた後の娘の顔は生きいきとしていました。

帰り道、笑顔で話をする娘に、私は嬉しい戸惑いを感じながら家に戻りました。

帰りを待っていた四歳上の姉がびっくりして思わず呟きました。

「何なの？　この変わりようは……」

まさに娘のパワーが目覚めたという感じがしました。

パワー学習に四日間、通っていくうちに、どんどん明るくなり、元気で素直な昔の娘に戻ったような気がしました。

元の学校に戻ることはできませんでしたが、あれだけ学校を変えることを拒んでいた娘が、私立の学校を受験してみたいと言い出したのです。きっとパワー学習を体験し、新しい環境でやってみようという勇気と自信がわいたのだと思います。

目標が決まると、今度は三教科の勉強をするために、週五日間教室に通うことになりました。帰宅が遅くなることもしばしばです。それでも愚痴も不平も言わず、楽しそうに帰ってきます。

子どもの生き生きとした姿を見るのは、親として何よりの喜びです。

私立に編入できたことで、娘は一層自信がつき、希望を持って新学期を迎えることができました。まさに私にとりまして「桜咲く」の心境です。

パワー学習のおかげです。本当にありがとうございます。

（武田注）この生徒は転校後の一学期に学年七番になり、二学期には一番になりました。そして、念願の高校に合格できました。

◎人間への信頼を取り戻した娘

小六女子生徒の母（都立高教師）――

満開の桜が雨に濡れた日、新しいセーラー服に身を包んで、娘は、誇らしげに中学校の入学式を迎えました。

あの、荒れていた日々が昨年の夏のこととは信じられない思いです。

あの頃、まず家のお金を頻繁に盗むようになりました。弟たちとのケンカも激しくなり、自室に閉じこもって、こっそりとお菓子や冷蔵庫のものを盗み食いします。

投げやりなのか、何でも面倒臭がり、お手伝いも全くしません。

そしてとうとう「お腹が痛い」と言って学校を休むようになりました。

〈まさか自分の子どもが……、なぜ？〉

相当に大きなショックでしたが、それは予想していたことでもありました。

性格は暗くなり、学校の話も全くしなくなりました。娘の授業のノートは、陰湿な絵で埋めつくされていました。

後日わかったことですが、原因は「いじめ」でした。

「臭い」「汚い」と罵声を浴び、くせ毛をばかにされ、はさみで切られたりもしました。肝心の担任の先生も「涙はオシッコと同じです」と言って助けてはくれませんでした。娘の心は傷ついてボロボロになり、九月から三ヵ月間入院しました。

親として、自分にできることと、しなくてはならないことに齟齬を生じているのではないかと悩む日々が続きました。

そんな中で、偶然に目にとまったのが日本教育学院でした。

学院長の武田先生にお目にかかり、お話を伺い、早速娘を連れていきました。

「塾」と聞いて、堅くなり、身構えていた娘も「まずはお家のお手伝いをしてほめられよう。脳が開くようにしよう」と、言われ、想像していた塾のイメージと違い、意外に感じたようでした。

退院後、転校した学校は担任の先生もクラスメートもとてもいい人たちばかりでした。それでも時々は、まだ休むこともありました。ところが日本教育学院の方は台風以外は休まず通いました。

学力のみならず、人間への信頼を取り戻したように見えました。

日本教育学院と出会ったことで、私にも学ぶことがたくさんありました。

「何々しなさい！」と子どもを叱りつけていた命令、強制から開放され、腹を立てることも少なくなりました。

娘はまだ完全によい子とは言えないかもしれません。頼りないところもたくさんあります。勉強も好きになっているとは思えませんが、本人が自ら努力しようという姿が目立つようになりました。

それに、事あるごとに「お母さん」「お母さん」とそばに来て、何でも話してくれるようになりました。

私にとりまして、何よりもそれが嬉しいのです。

武田先生、日本教育学院の先生方、どうもありがとうございました。これからもよろしくお願いいたします。

◎勉強嫌いがひどかった娘が笑顔いっぱいに

小六女子生徒の母――

いつも娘がお世話になっております。

来年の受験を控えて、これからますます頑張らなければいけないところです。ついつい親も不安にかられて、強く言ってしまい、学院長先生の教えに反することをしてしまって反省しています。

あまり、ひとつの道しかないと追い詰めてしまってもいけないと思い、塾の帰り道に、もしあの中学に行けなかったら、そのかわり、あと三年、塾に行かせてあげるね、と言ったら、本気でワーイと喜んでいました。どちらになっても本人はハッピーといったところです。本当にこの塾のことが大好きなようです。

こちらの塾には、五年の春に体験学習ということで初めて伺いました。その時、娘の勉強嫌いがひどくて、勉強とか、塾とかいう言葉を聞いただけで、顔色が変わって怒り出すような状態でした。

ダイレクトメールに、個別に指導していただけるとあったので、とにかく娘を説得して、学院長先生の面接を受けました。

本当に興味深いお話で、ともすれば、勉強嫌いを子どもの欠点としてしか、捉えていなかったのですが、別の視点から、砂時計の例をとってお話しいただき、本人も「あ、そうか」という気づきがありました。

体験学習の終わる頃には、娘は笑顔でいっぱいになって、楽しかったというので、びっくりしました。

その後も、ついつい親の立場から強制し、反発を引き起こして、失敗してしまうことも多々あるのですが。学院長先生のお話を思い出し、実践していきたいと思います。

塾においても、学院長先生の理念を実践する場として、うちの娘を含めた近隣の子どもたち、ひいては、地域社会においてもよい影響を与え続けていただきたいと思っています。

受験まであと少しですが、この機会に勉強する意義をしっかりつかんで、親子ともに頑張りたいと思います。

第六章

もともとのすばらしさをくもらせない方法

本来は赤ちゃんのようにピュアに輝いている

「すばらしさ」は、だいたいの場合、年を重ねるとともにくもっていきます。赤ちゃんの顔はどうでしょうか。ピカピカ光っていますよ。顔をのぞき込んだらニコッと笑ってくれる。そんなとき、何にも代えがたい幸せを感じます。

赤ちゃんの目の輝きを見てください。どこまでも透き通っています。沖縄や南の島の海のように感動的な純粋さです。あんな目をした大人はいません。大きくなるにつれて、目の輝きが失われ、いつの間にか汚れた色になってしまっています。

しかし、私たちの本来の姿は、あの赤ちゃんのようなピュアなものなのです。一〇代でも二〇代でも五〇代でも六〇代でも、自分自身のすばらしさに気づき、それを取り戻すために行動することです。そうすれば、手あかのついてしまったすばらしさも徐々に磨かれて、また輝きを取り戻します。

これまで輝きを取り戻すにはどうしたらいいかをお話ししました。この章では、何がすばらしさをくもらせるのかということについてお話しします。いくら輝きを取り戻そうとがんばっても、その一方でくもらせることをやっていてはプラスマイナスゼロになってしまいます。**くもる原因を取り除き、その上で輝きを取り戻す努力をする。両面からアプローチしないと、すばらしさは表に出てきてくれません。**

親子関係は重要なポイントです。教師もそうですが、親や教師は子どもを教育し、まっとうな人間にするという仕事があるとされています。その通りだと思います。しかし、教育する立場の親や教師のすばらしさがすっかりくもってしまっていたら、いい教育ができるでしょうか。

ほとんどの場合、子どもの方がまだ赤ちゃんに近い分、すばらしさの輝きが残っています。大人は、残念ながら、ごしごしこすらないと光が見えないほどくもっています。そんな状態では、子どもを教育するなんてできるはずがありません。しようと思うと、子どもに反発されてしまいます。その関係性を考え直すことです。

自分のすばらしさ、本来の輝きを取り戻そうと努力している大人、輝きを取り戻してピカピカ光っている大人の話なら、子どもは聞いてくれます。大人が良かれと思ってやっていることが子どもをくもらせているということもあるのです。

子どもは親の鏡。親は子どもの鏡

すばらしさが磨かれるには、脳波がアルファ波になる場面を多く作ることが大切です。

たとえば、お坊さんが瞑想をしたり座禅を組んだり滝に打たれて修行をします。修行というのは、無念無想になることで、脳をアルファ波に、つまりリラックスしていてなおかつ集中している状態にするためにやっているのです。

脳を活性化させ、精神を統一し、その人の人間力を高めるためのものです。人間力を高めるというのは、本来もっている、その人の輝きを取り戻すということです。

一般的に子どもの脳からはアルファ波がたくさん出ています。特に、親との信頼関係がしっかりとしている場合はあふれるようにアルファ波が出ます。脳の力を十分に発揮できて、自分のすばらしさを表に出せる状態にあるのです。

親は自分にとってかけがえのない存在で、親を信頼し、自分も親に信頼されている。そういうよろこびが子どもの心を安定させて、脳の働きを活性化し、人間力も高めるのです。**瞑想や座禅をしなくても、親子の信頼関係がしっかりと築けていれば、修行をしているのと同じ脳の状態になるのです。**

そういう信頼関係が作り上げられている親子を見ていると、親も自分自身を高めようという意識をもって生きています。自分はだらだらと暮らしている親が、子どもに「きちんとしないとダメだぞ」などと言っても、それでは説得力がありません。子どもは言うことをききません。信頼関係が築けるはずもありません。

親がけむったい存在、憎らしい存在、敵対関係にある、軽べつしているといったことでは、子どもの心も頭も開きません。子どもの本来のすばらしさはどんどんとくもって行きます。

子どもは親の鏡であり、親は子どもの鏡です。

子どものことを、「うちの子はだらしなくて」と嘆いている親御さんがいますが、それは鏡にうつった自分の姿だと思ってください。とんびが鷹を産んだという言葉があります。子どもが、親に似ず立派になったことを言うのですが、そんなことはありません。親は自分のことをとんびだと思っているのでしょうが、本当は子どもと同じように鷹なのです。子どもが親の生き方をきちんと形にしてくれています。

逆に言うなら、**子どもは、親という鏡を見て、それを自分だと思って成長していきます。**鷹のように生きている親を見れば自分も鷹になります。そうでない親を見ればそうでない子どもになってしまうのです。**親の生き方は大切です。心してください。**

「○○しなさい」という命令では子どもは動かない

私は**「心と頭を閉ざす原因」**という言い方をしていますが、子どものすばらしさが曇っている原因は三つあります。

一つ目が「命令」です。

「早く起きなさい！」

「勉強しなさい！」

「早くかたづけなさい！」

といった、何かをやらせようという命令と、

「ダメ！」

「そんなことしてはいけません！」

「やめなさい！」

といった禁止の命令があります。

どうでしょうか。毎日の生活の中で、こういう言葉をしょっちゅう使っていないでしょうか。


冷静になって考えれば、子どもに限らず、人に向かって命令をすることがいい結果をうまないということはすぐにわかるはずです。

自分が言われる立場になって想像してみてください。そんなふうに言われていい気分になる人はいるでしょうか。脳も不快になって働くのをやめてしまいます。

夫から「早くご飯を作れ！」なんて言われたらどうでしょう。むっとしますよね。おいしい料理を作って出そうと思うでしょうか。妻から「早く帰ってきなさい」と毎日言われたら、会社の人との付き合いも限られてきますから、ストレスがどんどんとたまってしまいます。うれしいはずがありません。

子どもだって同じことです。いつもいつも、○○しなさい！　××してはいけません！と言われていたら、腹も立ちます。イライラもします。

「うるさいなあ。せっかくやろうと思ったのに」

「しつっこいんだから。そんなことわかっているよ」

そういう反抗的な言葉が出てきます。

親と口をきかなくなることもあります。心も頭もどんどんと閉じていきます。ものごとを後ろ向きに考えるようになります。そういう自分が嫌になって、なんて自分はダメなんだと自信をなくしてしまいます。それではすばらしさは発揮できません。

子どもを脅迫してビビらせても意味はない

二つ目が「脅迫」です。

命令をして、それに従おうとしないと脅迫が始まります。

「まったくしょうがないんだから。いつまでもそんなことだとお父さんに言いつけるわよ」

「今月のおこづかいはなしだからね」

「あんたが受かる高校なんてないよ」

「不合格になって泣くのはお前だよ」

恐ろしいですね。こんなことを言われたらたまりません。

脅迫というのは、けっこうピンポイントをついてきます。親ですから、自分の子どもにはどういう脅迫をすれば有効かよく知っています。

お父さんを怖がっている子には、最初の脅迫です。今のお父さんはやさしくなりましたが、昔はお父さんと言えば怖い存在でした。地震、雷、火事、親父と、怖いものの四天王でしたから。

受験生は、高校や大学に合格できるかどうかは、それまでの一五年とか一八年の人生の中で最大の岐路です。まったく勉強しない子であっても、進路のことに関してはナーバスになっています。

そんなところへ、「合格できないよ」という脅しです。ただでさえも不安の中にいるのに、そこに油を注いで、大炎上させるようなものです。

子どもはビビります。ビビらせる、不安にさせるためにはこの脅しはとても有効です。しかし、やる気を出させたり、自分の力を十分に発揮させるという意味では大きなマイナスです。鏡に湯気が当たったように、その子のすばらしさはくもってしまいます。それでもいいなら、もっともっと脅してビビらせばいいでしょう。

たとえて言うなら、山を歩いていて突然、目の前にクマが現れたようなものです。想像してみてください。一〇〇メートル走を一〇秒で走れるような人でも、足がすくんで走って逃げるどころではありません。火事場の馬鹿力というのがあって、まれには信じられないようなスピードで走って逃げる人もいるかもしれませんが、まあそんなことはないと考えた方がいいでしょう。

脅された子どもは、いくらビビっても素直に「はい、わかりました」とは言いません。親との信頼関係は悪くなるばかりです。

強制されたら子どもはどんどん離れていく

三つめが「強制」です。

命令してもやらない、脅してもぐずぐずしている。そうなると親は強硬手段に出ます。何が何でもやらそうとします。

ここまできてしまうとかなり重症です。叩くなどの暴力行為に及んだりもします。食事を与えなかったり、無視をしたり、部屋に閉じ込めたり。こうなると、もう虐待です。

言葉の暴力も強制の手段としてはよく使われます。

「ホントにバカなんだから」

「お前なんかいないほうが良かった」

相手を否定することで、無力感を植え付け、気力をなくさせて、自分の思うように操ろうとします。

人間には、たとえ幼児であっても、プライドがあります。人に強制されたくない、自分のことは自分で決めたいというプライドです。人に認められたいという欲求もあります。

暴力や暴言や無視による強制は、その思いをずたずたにしてしまいます。

子どもたちは、これもしたい、あれもしたいという自発的な意思を、毎日押し殺して生きなければならなくなります。

それが続くと、イライラが募ってきます。落ち着きがなくなります。怒られるのではないだろうか、みじめで恥ずかしい思いをするのだろうかと、心の中は不安でいっぱいになってしまいます。自分が認められず、すべてが拒否されるわけですから、自信もなくなってしまいます。いつもオドオドしていて、何か気に入らないことがあると切れてしまいます。

完全に心も頭も閉じた状態です。それでは、自分で考えたり、工夫したり、チャレンジしようという気持ちにはなれません。どんどんと心がすさんでいき、行動が乱暴になってしまいます。

その子がもっているすばらしさは急速にくもっていき、光は見えなくなってしまいます。ここまでいくと、光を取り戻すのは簡単ではありません。その子だけでなく、家族全体が変わらないと、くもりは取り除けません。ここまで行くまでに、何とかしたいものです。

上下関係ではなく対等な関係を

私の持論として、**人間と人間は対等でなければいけないというのがあります**。親と子、教師と生徒、先輩と後輩、上司と部下……。どうしても「上と下」と考えてしまいます。

上の立場の人が、下の立場の人に、命令をしたり脅迫をしたり強制をするという図式は、今の社会ではいくらでもあることです。

しかし、それではお互いのすばらしさがくもってしまいます。

いじめは、その最たるものです。いじめという現象は、対等の関係が歪んでしまって起こることです。いじめる側が「上」で、いじめられる側が「下」という関係になってしまうのです。

いじめが発覚すると、学校はよく「遊んでいるとばかり思っていた」と言い訳をします。プロレスごっこで殴られたり、跳び蹴りでケガをさせられたりする毎日が続き、ある日、殴られ役の生徒が自殺をしてしまって、あれは遊びではなくていじめだったのだとわかるわけです。

遊びといじめの違いは、遊びは対等、いじめは上下関係ということを覚えておいてください。プロレスごっこでも、お互いが好きでやっていて、やめたくなったらやめられるというのが対等の関係です。無理やりやらされて、やめたくてもやめられないとなると上下関係で、いじめになります。

親子関係でも、教師と生徒でも、親や先生が上で、子どもや生徒は下という関係性はいくらでもあります。命令、脅迫、強制が横行しています。

子どもは立場的にも肉体的にも精神的にも弱い存在です。ですから、どうしても親や教師に服従しないといけません。嫌なことも嫌と言えず、むっとしても反論することもできません。反論すれば、親や教師は上から押さえつけようとします。

私は、長く塾の教師をしてきて、**私たちは教えるばかりではなく、子どもたちから教えられることがたくさんあることに気づきました。子どもの発想に驚かされて、新しい指導法が見つかったりもしました。子どもは子どもらしい目で、大人では見逃してしまうことをしっかりとキャッチします。**

私は脳性マヒで体が不自由で言葉も出なかった息子から、「がまんすることは力をためていることなんだよ」と教えてもらいました。私の教師として人間としての原点となっています。人と人とは対等の関係だということが頭にあったからこそ、息子からのメッセージをキャッチできたのだと思っています。

親の魂胆は敏感にキャッチされる

「今度の日曜日、ディズニーランドへ連れて行ってやるぞ」

とお父さんに誘われたとします。子どもはそれに対して、どんなふうに感じるでしょうか。

ここに上下関係はないでしょうか。対等でしょうか。

もし、お父さんもディズニーランドへ行きたくて仕方なくて、子どもと一緒に行きたいと思って言っているなら対等の関係だと言ってもいいでしょう。しかし、子どもの歓心を買おうとか、恩を売って勉強をさせようとか、自分の都合のいいようにコントロールしようとかという魂胆があって、自分は行きたいと思ってないのに誘っているとしたら、これは明らかに上下関係です。

子どもは、そういうことを敏感にキャッチします。だから、上下関係での誘いの場合、ディズニーランドへ行くのはうれしいとしても、その背後にあるものにはとても警戒し、親がディズニーランドへ連れて行ったのだから……と条件を出してくれば、「ああ、やっぱり」と親への不信感を募らせることになります。すばらしさがくもってしまうのです。

帰りの電車の中で、

「今日は楽しかっただろう……。明日から気持ちを引き締めて勉強するんだぞ」

ああ、きたきた、嫌だ嫌だ。子どもは心の中で舌打ちします。

「お父さんやお母さんはお前のことをいつも心配しているんだ。こんな親はどこにもいないぞ」

押し付けがましいぞ。

「それなのに、お前はこの間、お母さんに口答えしたんだって？　とんでもない奴だ。よく親の言うことを聞いて勉強しなければ、いい学校へ行けないぞ」

せっかくのディズニーランドの楽しさが台無しだ。

「小学校のときは、お前はいい子だった。中学に入って悪くなった。これから素直になれよ」

ああ、うざい。もう二度と、お父さんとは出かけないぞ。

そうやって親と子のミゾは深くなってしまいます。

「お前が一緒に行ってくれたおかげでお父さんも楽しかったよ。明日からの仕事、がんばれそうだよ。ありがとう」

と言えれば、「がんばれよ、お父さん。ぼくもがんばるから」となるのですが。

親は子に、子は親に感謝しよう

命令、脅迫、強制が、すばらしさをくもらせる三大要素です。親は子どもに対して、この三つの態度をとっていないか、日ごろからチェックをしてみてください。「勉強しなさい」というのはどこの親も言いがちです。「勉強しないと将来、どうしようもなくなるよ」というのも、ついつい言ってしまうと思います。

こういう言葉が出てしまうのは、自分の子どもの「悪い部分」ばかりに目が向いてしまうからです。**日ごろから心掛けていただきたいのは、「いいところ」を探すという態度です。**ちょっとしたいいところを見つけて、そこをほめる。感謝する。そういう癖をつけることです。

ここまで読むと、子どものすばらしさがくもるのはすべて親のせいだと思う人もいるかもしれません。親の責任はかなり大きな部分を占めますが、だからと言って子どもは一方的な被害者ではありません。

子どもの側も、態度を変えていく必要があります。

親に対して感謝の気持ちをもったことがあるでしょうか。親が子どもを育てるのは当たり前だと思ってないでしょうか。たとえば一五歳まで自分が育ってこれたのは、親がおむつを取り替えてくれて、食べ物や着るものを与えてくれて、病気のときは病院へ連れて行ってくれたからです。学校へ行けるのも、親がランドセルや文房具を買ってくれて、いろいろとかかる費用を工面してくれたからです。

いくら口うるさい親であっても、感謝する要素はいくらでもあります。うるさい、うざいということばかりに目が向きがちですが、どれだけお世話になっているか。たまには、そういうことも考えてみることです。

その上で、「ありがとう」とひと言でも言えれば、親と子の関係はたちまち変わってしまいます。

一度、静かに親が自分に何をしてくれたか考えてみるといいでしょう。何もしてくれなかった親というのは一人もいません。少なくとも、お父さんとお母さんがいなければ自分はここに存在しないのです。

親に感謝する気持ちが芽生えると、自主性というのが出てきます。自分がどうありたいかを考え、それに向かって行動していく力です。人に必要以上に依存せず、悪いことがあるとすぐに人のせいにするという責任転嫁もせず、自分の足で歩けるようになります。

親と子がともに成長して親も子も輝く。これが理想です。

あとがき

最後まで読んでいただいてありがとうございました。

親御さんにとっては耳の痛い話もあったかと思います。でも、子どもに対する親の態度は、子どもの人生を左右する大事なものです。

私は、お子さんにも親御さんにも、人間として大きく成長していただきたいと願っています。

受験というのは、親にとっても子どもにとっても一大イベントです。

これにどう向き合うか。お互いに成長のチャンスです。ただ受かったとか不合格だったということで一喜一憂するのではなく、これからの人生を豊かに生きるための糧にしていただきたいと思っています。

自分はすばらしい存在だと知れば、勉強への意欲が高まり、学力もアップします。人間関係も良くなり、楽しく生きられるようになります。

日本教育学院では、勉強を教えることはもちろんですが、それ以外に、さまざまなことに取り組んでいます。

子どもたちに、たくさんの経験を積んでもらって、いろいろなことを考えてもらって、泣いたり笑ったりしながら、「明るく元気で思いやりがあり、がまん強いわたし」になれるようなプログラムを提供しています。

志望の高校や大学に合格するだけでなく、一人ひとりが、それぞれの分野で、将来の日本を支え、リードするような人物になってもらいたいと思います。そのためには、若いうちから人間力を高めておく必要があります。

私も、まだまだ未熟な存在です。

未熟というのは、もっと成長する可能性を秘めているということです。

ご縁のあった子どもたちは保護者の方々からも、たくさんのことを学び、もっともっと成長していきたいと思っています。

この本が、多くの人の成長の一助になれば幸いです。

みなさまのご多幸とご健勝をお祈りして、筆を置かせていただきます。
最後まで読んでいただきまして、本当にありがとうございました。

武田利幸

武田　利幸　プロフィール

1948年7月18日生
学習塾日本教育学院創立者
教育システムデザイナー
著書「子どものための頭が良くなる読み薬」12万部継続発行中
「こんな塾なら全員合格」完売
「よみがえる子どもたち」(KKロングセラーズ）完売
「わが子の成績がどんどん伸びる読み薬」
独自の英語速習法を開発して、実績を上げている。
日本青年会議所教育部会創立者　初代部会長
全国学習塾協同組合理事
秋田ふるさと応援団メンバー／由利本荘市フオーレスタ鳥海応援大使
各地での講演・テレビ出演を続けている。

- 学習塾・学校の教育システムのデザイン
  学力向上のための教育システムをデザインして魅力ある学習塾・学校を作る。
  依頼先の学習塾・学校で、拍手と歓声がわき起こり、子どもたちの学習意欲が高まる授業の実演。
- PTA・教育団体・生徒・保護者のための講演
  笑いと感動に溢れた話の中から「勉強の仕方」「子育ての方法」を学ぶ。「目からうろこが…」「全く逆のことをやっていた」「胸のつかえがとれた」という感想がたくさん。
- 読書指導（小4〜高校生）
  「頭がよくなる読み薬」を使った読書指導で、「明るく元気で、思いやりがあり、がまん強い人」への成長を促す。学校・学習塾の感想文集が多数。

資料請求・連絡先　株式会社日教
179-0073　東京都練馬区田柄5-23-14
TEL03-3825-2121　FAX03-3825-8470
メール　nikkyo@bl.mmtr.or.jp
URL　http://www.bl.mmtr.or.jp/˜nikkyo
著者携帯　090-2655-8719
（ためらわずにご連絡ください。）

●大阪府貝塚市Ｓ学習塾　生徒のための講演アンケート

小中学生 17 名

実施日　2004 年 8 月（90 分間）

	1	2	3	4	5	
つまらなかった	――	――	――	2 人	15 人	とても良かった
時間がたつのが長かった	――	――	1 人	4 人	12 人	短く感じられた
講師の印象は	――	――	――	1 人	16 人	とても良かった
勉強の仕方について	――	――	――	6 人	11 人	とても役に立つ

●東京都公立Ｊ小学校 PTA　講演アンケート

保護者 63 名　回答者 48 名

実施日　2004 年 10 月（120 分間）

	1	2	3	4	5	
内容がつまらない	――	――	1 人	7 人	40 人	とても良かった
時間が長く感じた	――	1 人	5 人	7 人	35 人	短く感じた
わかりにくい	――	――	2 人	4 人	42 人	わかりやすい
子育てに役立たない	――	――	2 人	3 人	43 人	とても役立つ

●秋田県公立Ｕ中学校　参考授業アンケート

中学 3 年生 65 名　回答者 65 名

実施日　2004 年 7 月（50 分間）

	1	2	3	4	5	
つまらなかった	――	――	1.5%	21.5%	77%	楽しかった
覚えにくい	――	――	3%	26.1%	70.7%	覚えやすい
退屈だった	――	――	1.5%	18.5%	80%	夢中になった
早く終わりたかった	――	――	1.5%	20%	78.5%	もっとやりたかった

勉強が好きになる！楽しくなる！

最高の学習法

著　者　武田利幸

発行者　真船美保子

発行所　KK ロングセラーズ

東京都新宿区高田馬場 2-1-2　〒 169-0075

電話（03）3204-5161（代）　振替 00120-7-145737

http://www.kklong.co.jp

印　刷　中央精版印刷（株）

製　本　（株）難波製本

落丁・乱丁はお取り替えいたします。※定価と発行日はカバーに表示してあります。

ISBN978-4-8454-2428-3　Printed In Japan 2018